资产支持票据理论与实务

中国银行间市场交易商协会编写组

责任编辑：王雪珂
责任校对：李俊英
责任印制：程 颖

图书在版编目（CIP）数据

资产支持票据理论与实务（Zichan Zhichi Piaoju Lilun yu Shiwu）/中国银行间市场交易商协会编写组.—北京：中国金融出版社，2015.7
ISBN 978-7-5049-7801-1

Ⅰ.①资… Ⅱ.①中… Ⅲ.①资产证券化—研究—中国 Ⅳ.①F832.51

中国版本图书馆CIP数据核字（2015）第019816号

出版发行 中国金融出版社
社址 北京市丰台区益泽路2号
市场开发部 （010）63266347，63805472，63439533（传真）
网上书店 http://www.chinafph.com
（010）63286832，63365686（传真）
读者服务部 （010）66070833，62568380
邮编 100071
经销 新华书店
印刷 保利达印务有限公司
尺寸 169毫米×239毫米
印张 12.75
字数 180千
版次 2015年7月第1版
印次 2015年7月第1次印刷
定价 32.00元
ISBN 978-7-5049-7801-1/F.7361

《资产支持票据理论与实务》编写组

组　长：谢　多

副组长：冀光恒

成　员：贾红睿　黄　直　李文浩　何莉娅
李　文　张　驰　孙　博　卜庆东
杜俊生　时仲毅　舒　鹏　谢　曦
刘　静　胡　亮　张　武　苏薇薇
徐建福　顾燕青

“NAFMII 系列培训教材” 总序

近年来，党中央、国务院高度重视金融市场发展，出台了一系列推动债券市场发展的政策措施，在党的十八届三中全会决议文件中更是明确提出“发展并规范债券市场，提高直接融资比重”。2005 年以来，我国债券市场取得了长足发展，在国债、金融债、企业债的基础上，外币债、资产支持证券、短期融资券、中期票据、集合票据、信用风险缓释工具等品种相继引入，现券、回购、远期、互换等交易方式有序推出，目前已建成了以场外市场为主体、场内市场和场外市场并存，相互补充、分层有序的债券市场格局。市场发展也取得明显成效，基础设施建设日趋完备，基本制度不断完善，为改善社会融资结构、支持国民经济发展发挥着越来越重要的作用。我们很高兴且很荣幸见证并亲历这一进程。

在我国市场经济体制改革和行政管理体制改革的背景下，2007 年 9 月，经国务院批准，中国银行间市场交易商协会正式成立，填补了银行间市场自律组织缺失的空白，丰富了市场管理层次。中国银行间市场交易商协会成立后，集市场成员之智慧，纳会员单位之合力，在推动银行间市场的自律、创新、服务方面进行了大胆探索，取得了一系列成效。

探索市场管理方式变革，推动市场跨越式发展。协会在央行及监管部门的支持和指导下，落实中央关于创新政府治理经济的方式，强化市场在资源配置中所起的决定性作用，将债券发行管理由审批制逐步改革为更加市场化的核准制、备案制，并逐步过渡到注册制。2004—2012 年，中国公司信用类债券余额从 0.1 万亿元增加到 7.0 万亿元，根据国际清算银行统计，世界排名从2004年的第21位大幅上升至2012年的第3位。公司信用类债券“跛足”现象明显改观。

自律管理有条不紊，市场规范相继发布。结合市场发展出现的新情况，进一步规范重大事项信息披露、企业内部管理制度建设等内容，实现信息披露制度由注重常态披露向兼顾动态披露与内部治理的方向转变；建立健全自律处分体系，发布实施《信用评级业务自律指引》，加大对市场主体的合规检查和自律处分力度，加强市场化的行为约束。

市场制度和产品创新层出不穷，市场功能进一步深化完善。推动运用非金融企业债务融资工具注册信息系统（“孔雀开屏”系统），将注册工作全流程整体展现在公众面前，强化外部监督和约束，使注册工作在“阳光下运行”。同时，优化和丰富债务融资工具产品线，以金融产品创新带动市场规范发展，通过资产支持票据产品结构、区域集优债务融资模式等方面的创新，进一步增强了债券市场服务实体经济多元化需求的功能。

服务会员全面到位，资质认证探索求新。协会立足会员实际需求，组织市场成员跟踪分析国际国内经济金融运行，为市场成员进行业务决策提供依据；在积极开展多层次、有针对性培训的同时，探索出一条有利于形成业务精湛、诚实正直的从业人员队伍的资质认证新路径。此外，借助“三方合作”工作机制，支持地方实体经济发展，提升地方金融机构创新意识和水平。

然而，我们也应看到，银行间债券市场的发展面临着一些制约因素，市场快速扩张、产品与制度创新对从业人员提出了更高的要求：从业人员的知识水平、职业操守和操作规范需进一步提升。建立并完善符合银行间市场需求的从业者资质认证体系因而成为题中之义，而教材编写正是构建这一体系的基础和重要环节，是银行间市场从业人员资质认证的重要内涵。遗憾的是，目前市面上尚无一套权威的、规范的、与银行间市场发展需求相适应的教材体系。

为填补这一空白，我们邀请监管当局参与，组织市场成员、高等院校、研究机构的专家学者编撰了此套“NAFMII 系列培训教材”丛书，这套丛书按如下目标推进编撰：一是搭建框架，侧重对银行间市场基础知识的全貌式的介绍；二是紧跟时势，紧扣国内银行间市场发展脉搏，同时吸取国外同类优秀教材经验，扬己之长，与国际先进水平同步；三是强调合规守法，树市场正义，坚持市场道德理念的传播。

在市场成员的大力支持下，教材编写工作取得阶段性进展，“NAFMII 系列培训教材”丛书（第一辑）即将出版发行。该辑丛书包括七本教材：《银行间市场综合知识读本》、《非金融企业债务融资工具实用手册》、《非金融企业债务融资工具规则解析》、《非金融企业债务融资工具尽职调查》、《银行间市场固定收益产品交易》、《信用增进》、《信用评级》，基本涵盖了银行间市场业务全貌，填补了国内之缺。丛书将随市场发展、经济形势变化更新修订 。

作为以市场为导向的自律机构，交易商协会将秉承十八届三中全会全面深化改革的指导精神，恪守“市场在资源配置中起决定作用”的发展理念，不断探索市场自律管理的路径，逐步完善政府管理和自律管理相配合的市场管理框架。同时，与广大市场成员一道建立市场公约，推广和实施市场行为准则和从业人员道德操守，规范市场行为，协调会员利益，倡导和构建有序竞争的市场道德规范及市场正义理念。本丛书的出版恰逢中国金融市场，尤其是债券市场建设和发展的关键时期，我相信，丛书的出版将会为促进我国金融市场发展贡献一份力量。

对于本丛书的疏漏之处，敬请各位提出批评意见与建议。

2015 年 7 月

引　　言

2012年，世界经济复苏的曲折性、艰巨性进一步显现，我国经济社会发展面临更加复杂的国内外环境，2012年7月中央政治局会议指出，稳增长不仅是当务之急，而且是一项长期艰巨的任务。过去几年短期融资券、中期票据、中小企业集合票据、超短期融资券、定向发行产品等一系列债务融资工具的创新，在扩内需、稳增长等方面进行了有益的探索。如何在新形势下，继续发挥金融市场作用，落实中央稳增长的政策，成为摆在中国银行间市场交易商协会面前新的课题。

当前和今后相当长一段时间，我国城镇化都将处于快速发展阶段，城镇化进程中需要进行大规模的基础设施建设，传统融资方式并不能满足城镇化发展的要求，高负债率企业的可持续融资越来越难。2012年8月3日，《银行间债券市场非金融企业资产支持票据指引》（以下简称《指引》）发布，资产支持票据产品正式推出。通过资产支持票据创新满足中国快速城镇化进程中的融资需求，是发挥金融市场支持稳增长作用的有效路径。

2012年8月8日，三家企业率先在银行间市场发行25亿元资产支持票据。首批资产支持票据的成功发行，标志着中国债务资本市场又一类创新产品的上线，中国的证券化实践进一步丰富，成为由人民银行和银监会主管的信贷资产证券化、证监会主管的企业资产证券化和资产支持票据三大业务品种。

资产支持票据是非金融企业运用资产证券化技术发行的新型债务融资工具，资产证券化技术是资产所有人将其拥有的缺乏流动性，但能产生可预见稳定现金流的资产，通过对其风险和现金流进行结构性重组，并实施一定的信用增级，从而将其预计现金流转换为可出售、可流通的证券化产品的过程。

首先，资产证券化技术对企业裨益良多，主要是将企业生产经营中产生的流动性较差的资产，通过证券化的技术手段转换成具有高流动性的现金，可有效提高企业资本利用效率。其次，使用“表外模式”的证券化技术可以提高企业的负债能力。在“表外模式”的证券化过程中，企业将资产真实出售给特殊目的载体，取得的收入列在资产负债表中的“资产”栏目，出售的基础资产将从资产负债表中的“资产”栏目中剔除，这既有别于银行贷款、发行债券等债权融资，相应增加资产负债表中的“负债”栏目，也不同于发行股票等股权融资，相应增加资产负债表中的“所有者权益”栏目，不会增加企业的资产负债表规模。再次，企业可通过证券化技术降低融资成本。证券化技术运用较为成熟的交易结构和信用增级技术，可改善证券发行的条件，使其具有较高的信用等级，获取较低的发行价格，进而降低企业的融资成本。最后，与传统信用融资依托企业自身信用不同，资产证券化产品凭借支持资产未来收入能力获得融资，可实现资产证券化产品偿付能力与企业信用水平的分离，拓展了企业的融资渠道。

目前，国际上比较具代表性的证券化模式大致有三种，其一为美国模式，也称“表外模式”，主要做法是成立特殊目的载体用于收购发起人基础资产，实现“真实出售”；其二为欧洲模式，也称“表内模式”，即基础资产仍属于发起人，体现在其资产负债表中；其三为澳大利亚模式，也称“准表外模式”，由发起人成立全资或控股子公司作为特殊目的载体，然后将资产“真实出售”，子公司不仅可以购买母公司的资产，也可以购买其他资产，组建资产池后发行证券化产品。

国内资产证券化的发展实践可以追溯到 1992 年，海南三亚开发建设总公司发行了 2 亿元的地产投资券。2004 年 2 月，《国务院关于推进资本市场改革开放和稳定发展的若干意见》（国发〔2004〕第 3 号）中提出“积极探索并开发资产证券化品种”，由此拉开了国内资产证券化的序幕。2005 年 2 月 26 日，国务院正式批准在我国开展信贷资产证券化试点。2005 年 3 月至 2008 年 12 月，共发行了 17 期信贷资产证券化产品，实际发行规模 667.8 亿元，之后受到金融危机的影响，监管层叫停了试点期间产品发行，导致 2009—2011 年信贷资产证券化出现完全停滞状态。2012 年 5 月，银监会和央行发布《关于进一步扩大信贷资产证券化试点有关事项的通知》，重启信贷资产证券化。企业资产证券化方面，2005 年 8 月，中国国际金融公司发行首个专项资产管理计划产品——中国联通 CDMA 网络租赁费收益计划，募集资金 93.6 亿元，这是政策规范下的国内第一只真正意义上的企业资产证券化产品。2006 年 9 月以后，证监会暂停专项计划新项目的申报审批，进入总结阶段。2009 年 5 月，证监会重启券商企业资产证券化试点产品，并于同年 5 月 21 日颁布了《证券公司企业资产证券化业务试点指引（试行）》（机构部部函〔2009〕第 224 号）。2012 年 8 月 3 日，中国银行间市场交易商协会发布《指引》正式推出资产支持票据产品。

首批资产支持票据上线，引起了市场的广泛关注，其采用以资金监管账户作为特殊目的载体实现账户与资产隔离的方式，让不少投资人感到陌生，有机构甚至认为资产支持票据没有采用设立特殊目的载体的交易结构，不是真正的证券化产品。这是一个涉及市场规范发展的重要问题，需要进一步厘清。

确实，特殊目的载体在证券化产品的交易结构中占有重要地位，但采用何种类型的特殊目的载体与当地法律环境密切相关。在资产证券化最普及的美国市场，其主要形态有两种：特殊目的公司（SPC）、特殊目的信托（SPT）。绝大多数 SPC 都设立于特拉华州，因其拥有全美最宽松的公司法体系。从全球市场来看，不同国家和地区也都是根据本国的法律、市场环境设计资产证券化产品。例如：欧洲的覆盖债券（Covered Bond）通过现金流专户管理进行不出表隔离，实现资产支持；香港的现金流质押贷款采用的账户隔离和资产质押的模式，都是实现资产证券化的模式。

首批资产支持票据采用资金监管账户作为“特殊目的载体”的证券化方式是在我国当前的法律和监管环境下，成本较低的一种选择方式。在《指引》中规定，“企业发行资产支持票据应设立合理的交易结构，不得损害股东、债权人利益”，并不排斥通过设立“特殊目的载体”进行证券化的交易结构设计。事实上，国内资产证券化的进程虽在快速发展，但仍处于探索阶段，从《指引》规定来看，资产支持票据产品的要素较为开放，例如：在发行方式上，可公开发行，也可以非公开定向发行；在交易结构设计中，接受所有不损害股东、债权人利益的合理设计；在募集资金用途上，合法合规且符合产业政策等，为未来资产支持票据产品的创新预留了空间。

本书拟通过对国内资产证券化理论的梳理和探讨及当前资产支持票据实践的案例分析，希望对国内资产证券化理论的研究者提供有益的思考，为证券化产品工作的实践者提供有益的帮助。

目　　录

第一章　资产支持票据的基础理论

第一节　资产证券化概述

一、资产证券化的概念

作为世界各国金融市场普遍采用的一项金融技术，资产证券化的基本内涵是通过结构化的安排将缺乏流动性但能够产生现金流的资产与其所有人隔离开来，用以发行资产支持证券，并以该资产所产生的现金流作为向资产支持证券投资人支付投资收益的主要资金来源。从目前各国的实践情况来看，可以证券化的资产主要是金融机构持有的各种类型的金融资产，比如住房抵押贷款、普通公司贷款、汽车销售贷款和信用卡资产等。除了金融机构持有的金融资产以外，非金融机构可以将设备租赁收入，货物销售应收账款，特许权收费，商业地产租金收入等，为未来现金流进行证券化，筹集资金。

资产证券化技术发端于美国，其产生之初的功能只是为了帮助持有住房按揭贷款的金融机构筹集成本较低的资金，以便这些机构能够获得继续放贷所必需的资金。可以说，资产证券化的基本功能就在于筹集低成本的资金。如果证券化的资金成本高于债券、贷款或者其他方式，对于资产所有者来说，就会失去采取资产证券化技术的必要性。不过，随着金融机构监管制度的发展，资产证券化的资本释放功能被开发出来，即金融机构以证券化技术筹集资金的同时采取一些符合会计标准的措施，实现被证券化资产的资产负债表“出表”效果，从而达到全部或大部分释放监管资本的结果。从各国资产证券化产品的统计数据来看，以资本释放为政策目标的资产证券化产品显然是最主要的组成部分。

此外，随着信用衍生市场的成熟，金融机构开始将资产证券化技术与信用衍生产品相集合被应用于金融机构的风险管理，催生出了资产证券化市场上的又一个主导产品——合成型证券化产品。在合成资产证券化交易当中，证券化的对象不再是传统的金融资产，而是金融资产的违约风险。

二、资产证券化与破产隔离

资产证券化交易能够获取低成本资金的一个逻辑前提是，资产支持证券必须获得高于资产所有人的信用等级。通常情况下，向市场投资者发行的资产支持证券需要获得 AAA 级别的信用等级。为了获得高等级的信用级别，对于存在破产风险的资产所有者来说，信用评级机构通常会要求采用“破产隔离”技术，实现证券化资产与资产所有人在法律上的彼此独立，即在资产所有者破产的情况下其债权人不得对证券化的资产主张法律权利或影响资产支持证券投资人对证券化资产行使权利。不过，对于不存在破产风险的资产所有人，是否必须采取破产隔离措施，则取决于信用评级机构的判断、金融监管机构的要求以及相关国家的法律制度。比如，政府特许城市基础设施运营机构的破产将严重影响城市大众的利益，法院通常不会轻易判决其破产。

根据美国市场的实践经验，资产证券化交易中的资产所有者（发起人）可以通过真实出售、信托和对特殊目的公司的“出资”等方式实现破产隔离。美国的普通法信托不属于美国破产法上的债务人发起人设立普通法信托转移资产池的行为不适用美国破产法。因此，发起人破产时其债权人不得依据破产法要求将信托名下的资产纳入破产财产范围。不过，对于普通法信托，美国法律不允许信托受托人对信托资产进行任何调整和管理，这就限制了信托受益权的分割和分层措施。因此，该方法的使用受到极大的限制。需要特别注意的是，美国资产证券化领域存在一个与“破产隔离（bankruptcy remote）”相对应的词语——“破产隔绝（bankruptcy proof）”。也就是说，破产隔离只是无限接近破产隔绝，但永远无法实现“破产隔绝”，以使证券化的资产池在任何情况下都不会遭受发起人破产风险的影响。

从当前世界各国的证券化市场情况来看，比较突出的影响破产隔离效果的资产是未来应收款（future receivables）和未来现金流（future cash flow）资产。未来应收款（future receivables）的基本法律特征是，资产的形成具有法律不确定性，相关资产的当事人已经签署了有效的合同，约定一方向另一方提供货物或服务，另一方在未来一定期限内如约支付价款。如果一方未能提供合格的货物或服务，则另一方可以拒绝支付价款，典型代表是租金资产。未来现金流资产的基本法律特征是，资产的形成在法律和经济上均具有不确定性，权利人与义务人（付款人）之间没有签署任何协议，资产的形成依赖于法律或政府赋予资产转让方的特殊权利，典型代表是高速公路的收费收入。各国破产法对这两类资产的处理方式不尽一致，中国、美国和世界上大多数国家不认可该类资产的转让可以对抗破产法，即在资产转让方破产时，相关资产尚未形成或未能够特定化，则进入破产程序后形成的资产属于破产财产。但是，也有少数国家认可该类资产的转让具备对抗破产法的效力。

三、资产证券化与特殊目的载体

从世界范围内的资产证券化实践情况来看，欧盟法律认可资产支持证券发行人为特殊目的载体（SPV），澳大利亚将特殊目的信托的受托机构视作资产支持证券的发行人，而资产证券化发源地的美国法律却对资产支持证券的发行人作出了不同的规定。

根据美国资产支持证券的专项法规——Regulation AB 的规定，在向美国证监会提交的资产支持证券注册文件（registration statement）上签字的发行人（issuer）既不是发起人（sponsor，有时也被称为 originator 或 seller），也不是特殊目的载体（SPV）或有特殊目的信托的受托人

(trustee)，而是基础资产的存放人（depositor）。Regulation AB 将存放人定义为接收或购买，并将资产池转让或出售给发行机构之人。在美国的单一 SPV 支持证券化交易结构中，这个存放人通常就是资产证券化交易的发起人。美国市场上的资产支持证券的发起人通常包括商业银行、住房抵押贷款公司、金融机构、投资银行。至于资产证券化交易中最终法律上持有基础资产之特殊目的载体，Regulation AB 将之定义为发行机构（issuing entity）。美国市场上发行机构的法律形式主要是有限责任公司和特殊目的信托，也可以是股份公司或有限合伙。在欧洲，则以股份公司或有限责任公司为主。

另外，需要指出的一点是，美国存在普通法信托和制定法信托（statutory trust）之分。制定法信托，又称商事信托（business trust），资产证券化著作或文献提及的所有人信托（owner trust）就属于商事信托。商事信托与普通法信托的根本差异之处在于，美国商事信托与股份公司、有限责任公司和有限合伙一样具备法人资格（legal person），其设立需要向政府登记机构提出登记申请，而非像普通法信托那样仅凭信托委托人（settlor）的宣告（declaration）即可成立。

四、资产支持证券的法律性质

我们在金融市场上经常听到的“过手资产支持证券（pass - through asset - backed securities，又译作“转递资产支持证券”）”和“转付资产支持证券（pay - through asset - backed securities）”只是彰显了证券化交易中现金流的分配方式，不是一个严谨的法律概念，对于我们认识资产支持证券的法律特征，设计资产证券化的法律制度，无多大助益。美国证监会颁布的 Regulation AB 将资产支持证券定性为“证券（securities）”，但未进一步明确为股权型证券（equitable securities）还是债券型证券。

实践当中，美国金融界和法律界普遍认为资产支持证券的主要法律形式为“债券”，只有普通法信托（common law trust），即让与信托

（grantor trust）作为特殊目的载体（SPV）所发行的资产支持证券才属于股权型证券。美国金融市场上资产支持证券发行文件大多将所发行证券称为“bond”或“note”，就是一个相当明显的佐证。另外，美国法院在审理与资产支持证券相关的案件时，通常将本着实质重于形式的原则来认定资产支持证券的法律性质。因此，凡是以获取固定收益为投资预期的资产支持证券，无论采用什么样的名称，均会被法院认定为债券产品。

五、资产支持证券的发行方式

资产支持证券既可以公开发行也可以私募发行，国际上资产支持证券以场外市场为主。从美国市场的实际情况来看，公开发行的资产支持证券通常不进入证券交易所上市交易，私募发行的资产支持证券则往往选择到爱尔兰或卢森堡的证券交易所上市，以满足投资者对资产支持证券的上市要求。

在美国，如果公开发行资产支持证券，不仅需要取得美国证监会的批准，还必须按照美国证监会的要求提交信息披露文件——注册文件（Registration Statement），履行信息披露义务。不过，在 Regulation AB 实施之前，美国证监会几乎不仔细审查发行人提交的资产支持证券注册文件，2007 年金融危机爆发之后美国证监会才开始认真审查每一只资产支持证券的注册文件。

资产支持证券不同于传统股票和信用债券。因此，美国证监会在 Regulation AB 中设定了比较细致的资产池信息披露要求，并通过 2011 年生效的两个监管规则进一步严格了发行人和资产池的信息披露要求。此外，美国证监会还根据资产支持证券的特殊性，为资产支持证券的信息披露提供了诸多灵活性。比如，美国证监会允许资产支持证券发行人自注册生效之后、将最终的募集文件（final prospectus）递交给投资人之前，提交交易结构清单（structural term sheet）、资产清单（collateral term sheet）和计算数据（computational materials），并允许在符合条件的情况下对资产清单（collateral term sheet）进行重大变更（substantial change）。

六、资产证券化主要产品形式

资产证券化在20世纪70年代兴起于美国，以吉利美（GNMA）成功发行住房抵押贷款转手证券（MPT）为标志。随后资产证券化经历40多年的发展历程，先后传播到欧洲、拉丁美洲、亚洲等国家和地区，已俨然成为全球化的金融创新产品。目前，美国是资产证券化全球第一大市场，其创新性的交易结构和产品层出不穷，具有较大的市场影响力。次贷危机爆发前，美国资产证券化产品存量余额从1980年的1 108亿美元攀升至2007年的11.1万亿美元，占美国固定收益类产品的比重由1980年的5%上升至2007年的35%。次贷危机后，美国资产证券化产品发行量遭遇市场寒冬。截至2012年年末，美国资产证券化产品存量余额由前期高点下降至9.8万亿美元，占美国固定收益类产品的比重亦由前期高点下降至27%。

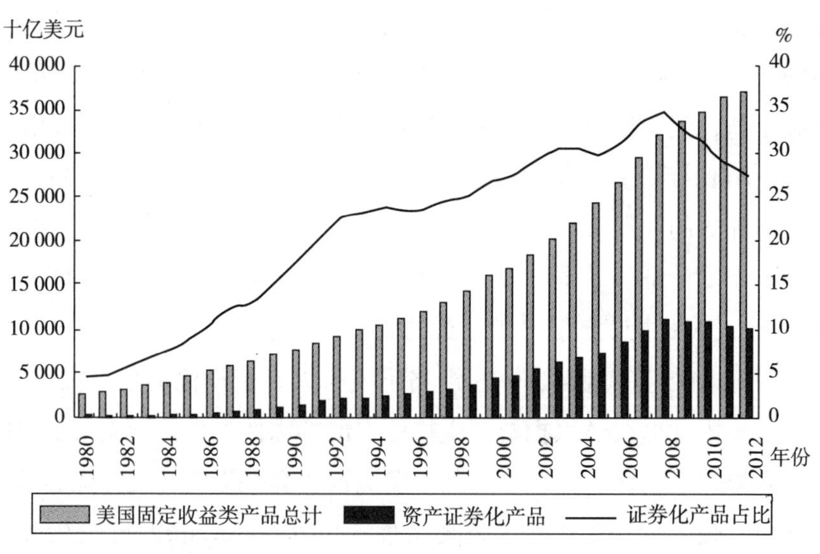

资料来源：SIFMA，宏源证券。

图1-1　1980—2012年美国资产证券化产品存量情况

1987 年，全英住房贷款公司（NHLC）成功发行一笔住房抵押贷款证券（RMBS），成为欧洲发行美国资产证券化产品（不包括欧洲本土资产担保债券）的开端。经过 20 多年的快速发展，欧洲是美国之外的第二大资产证券化市场。截至 2012 年年末，欧洲资产证券化产品规模在 2.3 万亿美元左右，约为美国市场的 1/4。其中，英国、荷兰、西班牙和意大利等国家为欧洲资产证券化产品的主要市场。

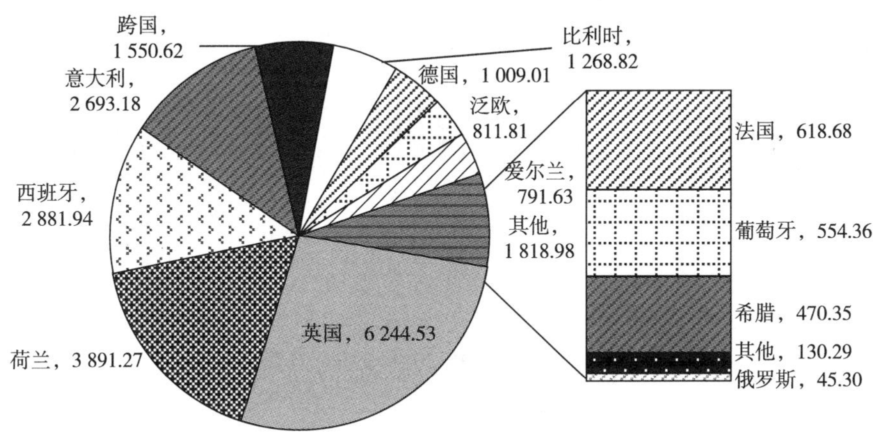

资料来源：SIFMA，国金证券。

图 1－2　截至 2012 年年末欧洲资产证券化产品存量情况（亿美元）

资产证券化的理念是将能产生未来现金流的资产进行担保而发行的证券，无论是金融机构的贷款资产，还是非金融企业的既有债权或可以产生未来现金流收入的收益权，都可以视为能产生未来现金流的资产，理论上都可以进行证券化，甚至有人更为乐观地说，“资产证券化的范围仅受想象力的限制”。在实践中，与股票和债券等证券化形式不同，资产证券化具有独特形式和结构，使其可以不受资产类型限制，只要有投资需求，就可以进行证券化。根据理论总结和实践经验，按照基础资产性质，欧美市场上的资产证券化产品通常被划分为三大产品系列：抵押贷款支持证券（MBS）、资产支持证券（ABS）和担保债务凭证（CDO）。从美国证券化产品存量和发行量结构来看，MBS 系列产品市场份额占比最大，且以机构（Agency）[①] 发行 MBS 为主流。

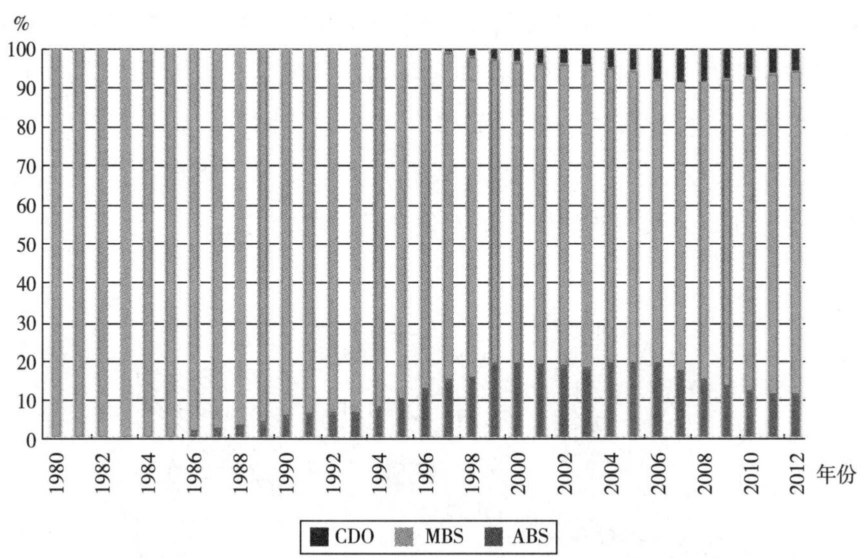

资料来源：SIFMA，长城证券。

图 1-3　1980—2012 年美国资产证券化存量产品结构

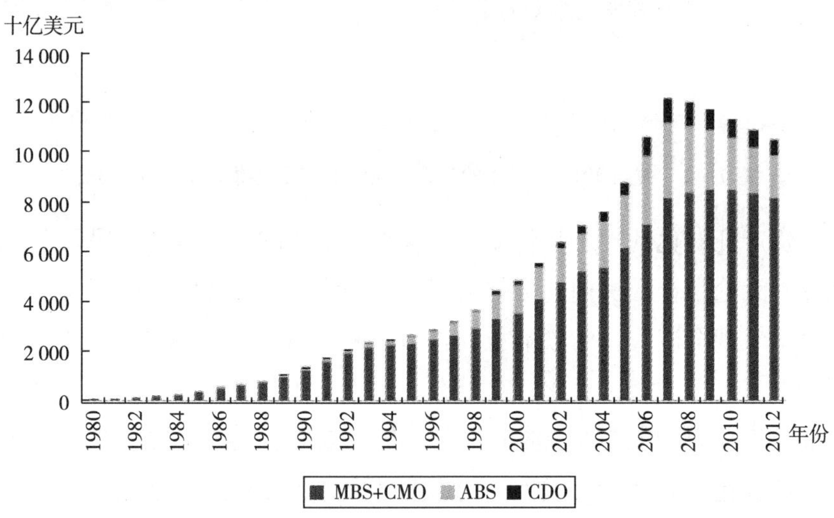

资料来源：SIFMA，宏源证券。

图 1-4　1980—2012 年美国资产证券化产品发行量结构

① 机构（Agency）主要指美国的吉利美（GNMA）、房地美（FNMA）和房利美（FHLMC）。

由于美国既是资产证券化产品的发源地，又是资产证券化产品的研发地。为更好地诠释资产证券化产品的奥妙，我们遵循美国资产证券化基础资产从既有债权到未来收益权再到多元化资产的演进路径，对上述三大产品系列进行细分研究。

表 1－1　　　　资产证券化主要产品形式一览

分类	主要产品形式	基础资产类型	
MBS (Mortgage－Backed Securities)	住房抵押贷款证券 (RMBS)	住房按揭贷款（优级、次级）	金融企业债权
	商业地产抵押贷款证券 (CMBS)	商业地产贷款	
	机构抵押担保证券 (Agency CMO)	政府支持机构发行的转递证券 (MPT)	
	非机构抵押担保证券 (Non－agency CMO)	除三大政府支持机构外的民间机构发行的转递证券（MPT）	
ABS (Asset－Backed Securities)	金融租赁 (Financial Lease)	飞机、汽车、基站、设备租赁	金融企业债权
	零售贷款 (Retail Loan)	助学、房屋净值、汽车贷款等	
	信用卡 (Credit Card)	信用卡应收账款	
	批发贷款 (Wholesale Loan)	厂房、设备、特许贷款	
	多元支付权 (Diversified Payment Rights)	出口融资、外商直接投资及其他跨境金融活动产生的外币现金流	金融企业收益权
	汇款 (Remittance)	境外汇入汇款	
	贸易应收款 (Trade Receivables)	短期和长期贸易应收款	非金融企业债权
	政府合同 (Government Contract)	市政租赁、BT 项目等	

续表

<table>
<tr><th>分类</th><th>主要产品形式</th><th colspan="2">基础资产类型</th></tr>
<tr><td rowspan="3">ABS
(Asset - Backed Securities)</td><td>运营收入
(Operating Revenue)</td><td>航空机票、收费公路、公用设施应收款等</td><td rowspan="2">非金融企业收益权</td></tr>
<tr><td>整体业务
(Whole - business)</td><td>基建、公共事业、酒店等</td></tr>
<tr><td>资产支持商业票据
(ABCP)</td><td>各种应收账款、分期付款等</td><td>多元化资产</td></tr>
<tr><td rowspan="4">CDO
(Collateralized Debt Obligations)</td><td>担保贷款凭证
(CLO)</td><td>高收益贷款或杠杆贷款</td><td rowspan="4">多元化资产</td></tr>
<tr><td>担保债券凭证
(CBO)</td><td>公司债券</td></tr>
<tr><td>担保保险凭证
(CIO)</td><td>保险或再保险合同</td></tr>
<tr><td>结构性金融担保债务凭证
(SFCDO)</td><td>结构性金融产品、信用衍生品等</td></tr>
</table>

◇ 抵押贷款支持证券（MBS）

20 世纪 70 年代，为解决储贷危机，美国政府改组联邦国民抵押贷款协会（FNMA），成立了吉利美（GNMA）、房地美（FNMA）和房利美（FHLMC）三家专业机构，并引导这三家机构开始大规模发行 MBS，以帮助改善美国房贷机构的资产负债结构，提高抵押贷款的流动性。自 MBS 诞生以来，该类产品的发行人主要为上述三家机构。非机构发行人的发行量占比一直不高，特别是金融危机后，占比不足 5%。

MBS 是最早的资产证券化品种，第一单 MBS 是 1970 年由美国政府全资拥有的吉利美（GNMA）发行。其基本结构是将房产抵押贷款中符合一定条件的贷款集中起来，形成一个抵押贷款的集合体，以贷款集合体定期发生的本金及利息的现金流入为支持发行证券，并由政府机构或

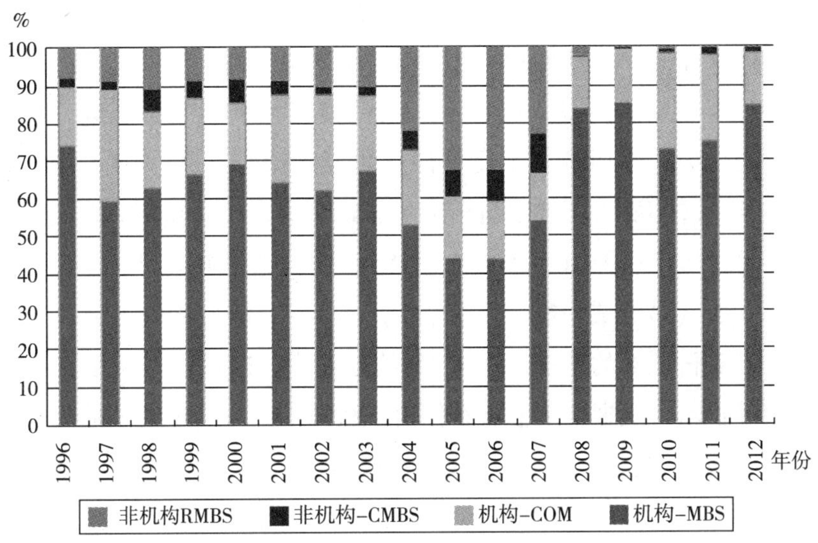

资料来源：SIFMA，长城证券。

图1-5　美国MBS发行情况

政府背景的金融机构对该证券进行担保。由于上述抵押贷款集合体所产生的本金与利息，在扣除必要的发行和管理费用后，直接转移支付给MBS的投资者，因此，MBS也被称为抵押转递证券（Mortgage Pass - Through Securities，MPT）。

MBS主要分为两种：住房抵押贷款证券（RMBS）和商业地产抵押贷款证券（CMBS）。RMBS由抵押贷款的放贷人所建立，其原理是将各个购房者所偿付的款额共同汇集在一个按揭池里，并以瀑布结构的形式按照一定优先顺序将这些款额支付给投资者，而投资人从该种产品中所取得的现金收益是由购房者根据相应的贷款协议支付的本息来支持的。CMBS是另一种不动产证券化的融资方式，是将多种商业不动产的抵押贷款重新包装，透过证券化过程，以债券形式向投资者发行。在全球不动产金融市场迅速成长的背景下，因其具有发行价格低、流动性强、充分利用不动产价值等优点，自问世以来迅速成为商用地产融资市场的重要方式之一。

三大政府支持机构（吉利美、房地美、房利美）发行的 MBS 主要为 RMBS，而在所有的 RMBS 中，MPT 是最主要的产品形式，也是其他新品种 MBS 的基础结构。1983 年，房地美在 MPT 的基础上进行重新组合与分类分级，进而开发了资产证券化发展历程中的一个重大创新品种——担保住房抵押贷款证券（Collateralized Mortgage Obligations，CMO）。CMO 是一种由一个或多个 MPT 的组合做担保所发行的证券，一般有几档（被分成份额），每档到期日不同，综合体现了分期支付证券和分级支付证券的特点。在 CMO 的运作中，通过实施现金流的剥离与重组等技术，抵押贷款池被看作由一系列每年均出现的单独现金流组成，不同期限档次的证券进而被创造出来以满足不同投资者的偏好。CMO 主要的金融创新就在于创造出的证券更能满足机构投资者资产负债比例的要求。其中，由三大政府支持机构发行的 CMO 称为机构抵押担保证券（Agency CMO）；除上述三大政府支持机构以外，由其他机构发行的 CMO 称为非机构抵押担保证券（Non - Agency CMO）。

◇ 资产支持证券（ABS）

储贷危机后，20 世纪 80 年代，美国银行业为满足资本充足率的监管要求，资产证券化由早期的解决流动性危机转向资产负债表管理，基础资产从抵押贷款开始逐步扩展至其他债权和收益权类资产，即资产支持证券（ABS）兴起。ABS 可以将沉淀的资产变为可流动的资产从而达到套现目的。根据央行国际司关于金融工具的定义，ABS 是一种债券性质的金融工具，其向投资者支付的本息来自于基础资产池产生的现金流或剩余权益。从理论上讲，ABS 与 MBS 基本相同，只是基础资产不同而已。在美国 MBS 迅速发展的同时，其 ABS 亦随之快速发展，发行规模在 2005—2006 年达到峰值。

ABS 的发行过程通常如下：首先由基础资产的发起人，包括商业银行、抵押贷款公司、信用卡服务商、汽车金融公司、消费金融公司、非金融企业等，将贷款或应收款等资产出售给其附属的或第三方特殊目的公司（Special Purpose Vehicle，SPV），实现有关资产信用与发起人信用

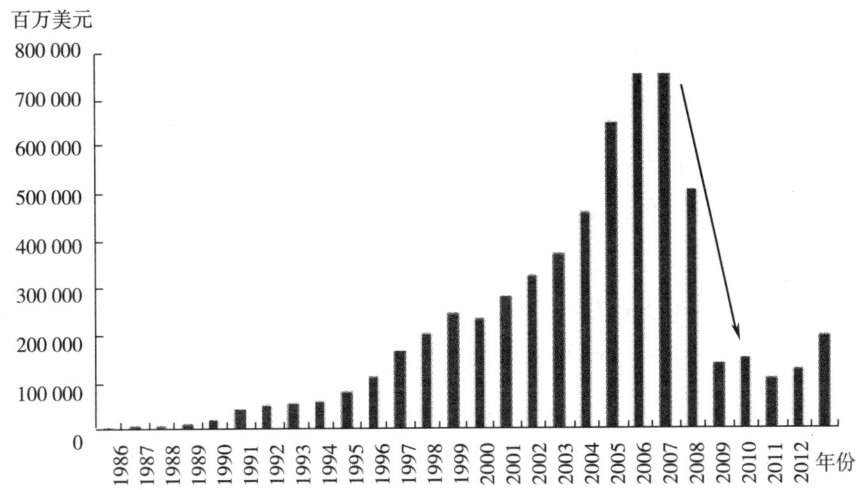

资料来源：SIFMA，宏源证券。

图 1－6　美国 ABS 发行情况

的破产隔离，然后由 SPV 进行资产打包、评估分层、信用增级、信用评级等步骤后向投资者公募或私募发行。ABS 的投资者主要有银行、保险公司、货币市场基金、共同基金、养老基金和对冲基金等。

根据基础资产的不同，可以大致将 ABS 分为五类：金融企业债权 ABS、金融企业收益权 ABS、非金融企业债权 ABS、非金融企业收益权 ABS 和多元化资产 ABS，具体种类介绍如下：

◇　金融企业债权 ABS

此类 ABS 中的基础资产皆为金融企业的债权，主要分成四类。第一类为零售贷款类 ABS，其中主要包括汽车贷款证券化（基础资产为汽车消费相关贷款，发行人为汽车金融公司）、住房权益贷款证券化（以房屋净值为再抵押资产，发行人为贷款机构如商业银行等）和助学贷款证券化（基础资产为学生贷款合同，发行人为发放学生贷款的金融机构）。第二类为应收账款类 ABS，主要包括信用卡债权证券化（以信用卡应收账款为抵押基础资产，由特定的信托机构发行）。第三类为金融租赁类 ABS，抵押资产为金融租赁合同，包括交通运输设备租赁

（如飞机、船舶和汽车等）以及非交通运输设备租赁（如基站、娱乐设备等）。第四类为批发贷款证券化（基础资产为对大型工商企业和机构发放的项目及固定资产贷款等，发行人为放款机构，如商业银行）。

◇　金融企业收益权 ABS

该类 ABS 中的基础资产为金融企业的收益权，主要是银行采用未来现金流收入结构（如多元支付权和境外汇入汇款等），依据未来预计会产生的外币现金流发行的一种证券化产品，这些现金流来自出口融资业务、劳工汇款、外商直接投资及其他跨境金融活动。

◇　非金融企业债权 ABS

该类 ABS 以非金融企业债权为基础资产，主要包括贸易应收款证券化（以贸易中产生的应收款单据作为基础资产，发行人为债权所有人，如贸易公司）和政府合同证券化（以市政租赁合同、市政项目融资合同等债权类单据为基础资产发行的证券化产品，发行人为合同所有人，如地方政府）。

◇　非金融企业收益权 ABS

该类 ABS 以非金融企业的收益权作为基础资产，其中最常见的两类为运营收入证券化（以公司运营中产生的正常运营收入现金流为基础资产，如公路收费及公用设施应收款等，发行人为此收益权所有人）和整体业务证券化（以企业的某一个部门或企业整体产生的收入流为基础资产，但此证券化过程不影响到企业的正常运营）。

◇　多元化资产 ABS

该类 ABS 主要指一种市场占有量很大的货币市场产品——资产支持商业票据（Asset - backed Commercial Paper，ABCP）。它是一种具有资产证券化性质的商业票据，是由大型企业、金融机构或多个中小企业把自身拥有的能够产生稳定未来现金流的资产（各种应收账款、分期付款等资产）出售给受托机构（又称为渠道，Conduits），再由受托机构将这些资产作为抵押基础资产发行的一种商业票据。ABCP 的运作是一种循环型证券化产品，因为拥有大量应收账款的企业，其应收账款通常是持续不间断的，这类企业可以利用这种方式进行滚动融资。

ABCP作为一种具有商业票据和资产证券化双重特点的融资工具，与其他资产证券化产品最大的区别在于其货币市场产品特性，即发行的期限较短，通常短于1年（270天或以下），而其他ABS产品期限通常长于一年。ABCP与普通ABS产品的第二个区别在于信息披露要求。与普通ABS不同，ABCP通常不需要披露基础资产的数量、规模、资产质量、现金流等信息，信息披露较不完全。ABCP的第三个特点是由其循环型证券化特质与滚动式发行方式决定的，即发行程序相对简单且发行成本较为低廉。

ABCP最大的特点是由于其基础资产池的可选择种类繁多，不同的资产卖方均可以参与资产支持商业票据项目，尤其是那些受限于公司规模和信用质量的中小企业，可以在传统的银行贷款之外开辟一个新的融资渠道；而受托机构也可以根据不同的资产类别和信用质量，组成分散化的投资组合，以满足不同的投资者需要。自1990年以来，随着大量中小企业借助ABCP进入票据市场融资，美国ABCP市场规模近些年得以大幅增长，目前ABCP已成为一个较为成熟的融资渠道。

◇ 担保债务凭证（CDO）

进入20世纪90年代，资产证券化进入技术创新日新月异的发展阶段。随着套利需求的不断提升，资产证券化产品向以赚取收益为主的套利工具发展。担保债务凭证（CDO）应时而生，并逐渐成为资产证券化市场的新宠。从美国CDO的发行情况来看，发行规模至2006年达到峰值，是近年来成长极为迅速的资产证券化品种之一。

CDO是资产证券化家族中一个重要的组成部分。根据央行国际司关于金融工具的定义，CDO是一组固定收益资产组成的投资组合，有一个由一系列信贷资产构成的资产池，并以该资产池产生的现金流为基础，向投资者发行不同系统（Tranches）的证券。

CDO的标的资产通常是信贷资产或一些债务工具，如高收益的债

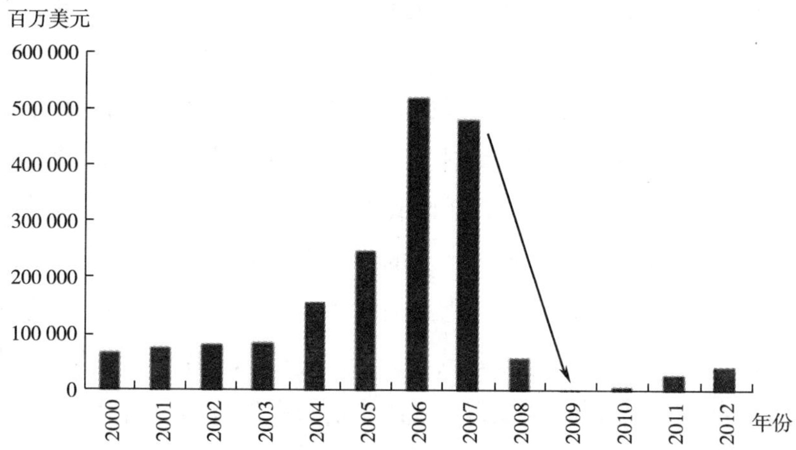

资料来源：SIFMA，宏源证券。

图 1-7 美国 CDO 发行情况

券、新兴市场公司债或国家债券、银行贷款或其他次顺位证券和包括 ABS、RMBS 和 CMBS 在内的资产证券化产品。它的出现使得其他一些原来不能进入证券市场的产品经过重新包装、证券化之后被投放到市场。其运作原理是将一组固定收益资产组成的投资组合构成信贷资产构成的资产池，并以该资产池产生的现金流为基础，通过类似分级封闭式基金的方式，将持有人分为不同的级别，然后向投资者发行不同级别的证券。它本质上是一种以抵押债务信用为基础，使用各种资产证券化技术对标的资产进行结构重组，重新分割投资回报和风险以满足不同投资者需要的创新性衍生固定收益证券产品。高级别的持有人会承担更高的本金风险，但同时会获得更高的收益。

CDO 的基础资产从某种程度讲包括了所有可证券化的资产。按照基础资产划分，CDO 主要有担保贷款凭证（CLO）、担保债券凭证（CBO）、担保保险凭证（CIO）和结构性金融担保债务凭证（SFCDO）等产品形式。其中：CLO 是一种被机构的多元化高收益类和高杠杆类贷款所聚集成的贷款池所担保的证券，发行人多数为银行，是以提升资本适足率和转移贷款的信用风险为目的；CBO 是一个由多个差级组成的债券结构，抵押品为评级较低且达不到投资要求等级的债券组合，发行人以资产管理公司为主，套利为首要动机。它与 CLO 在本质上有很多相似之处，最主要的差别就在于 CBO 的资产池是以债券债权为主；CIO 是以保险或再保险合同为基础资产发行的证券，发行人为合同持有人；SFCDO 是以 MBS、ABS、结构性存款、信用衍生品等结构性金融产品为基础资产发行的证券。

此外，CDO 按照不同的分类方法，还可以分为很多类型。如果按照交易目的，可分为套利型（Arbitrage CDO）和资产负债管理型（Balance Sheet CDO）；如果按照投资者收益来源，可分为现金流型（Cash Flow CDO）和市值型（Market Value CDO）；如果按照是否发生资产转移，可分为现金型（Cash CDO）、合成型（Synthetic CDO）和混合型（Hybrid CDO）；如果按照资产组合管理方式，可分为静态型（Static CDO）和管理型（Managed CDO）。

不少专家学者认为 CDO 在扩大债券容量、拓宽融资渠道、降低信用风险、减少资本管制等方面具有积极意义且作出重要贡献。但 CDO 在迅猛发展的同时，其风险管理已随之变得十分复杂和困难，这在一定程度上为金融市场积聚了风险。2007 年美国次贷危机的爆发即充分揭示以次贷为基础的 CDO 对金融市场稳定的致命威胁。

第二节　资产担保债券

一、资产担保债券概述

资产担保债券①（Covered Bonds，CB），起源于德国的潘德布雷夫债券（德语 Pfandbrief，是抵押贷款担保债券的代名词），是由抵押贷款或公共部门贷款组成的资产池为其提供抵押，并在发起人破产时，债券

① 国内也有学者将 Covered Bonds 翻译为全覆盖债券。

持有人对资产池有优先求偿权且可以向发行人追索的债务融资工具。具体抵押资产的合格性标准、优先求偿权和其他对投资者的安全保护措施，如覆盖程度、破产隔离和监管等，均有各国具体的法律规定。欧洲资产担保债券的法律基础主要有《可转让证券集合投资法令》（UCITS）与《资本要求法令》（CRD）。

除吸收储蓄存款、发行高评级债券和资产支持证券之外，资产担保债券作为一种低成本的长期债务融资工具，已经越来越广泛地应用在金融市场。资产担保债券发行人一般为银行等信贷机构，有些国家法律规定只有获得监管机构许可的信贷机构才可发行，发行目的主要是以较低成本进行长期再融资，扩大资金来源并减少银行资产负债期限不匹配的状况。基于抵押资产池中优质资产担保和发行人的雄厚实力，大多数资产担保债券具有很高的信用等级，期限从 1 年到 10 年不等，近年来也有部分长期债券品种的期限超过 10 年。抵押资产种类主要包括抵押贷款、公共部门贷款和船舶抵押贷款等。

根据欧洲资产担保债券理事会（European Covered Bond Council，ECBC）统计，2003 年至 2007 年，资产担保债券年均发行量在 4400 亿欧元左右；2008 年以来，资产担保债券年均发行量在 6200 亿欧元左右，呈现快速发展态势。其中抵押贷款支持的资产担保债券发行占比逐年提高，公共部门贷款支持的资产担保债券发行占比逐年下降。截至 2012 年年末，资产担保债券在全球的市场存量余额达到 2. 81 万亿欧元，按抵押资产分类情况统计，抵押贷款占比 79%，公共部门贷款占比 18%，船舶抵押、混合资产和其他贷款合计占比 3%。

资产担保债券市场拥有广泛的投资者基础，其中五大类型投资者构成了资产担保债券投资者的 96%，分别是银行（包括银行理财账户）、央行、投资基金、养老金/保险公司和其他投资者。其中银行通常从一级市场申购资产担保债券，然后再分销给零售客户。对于这些组合投资者来说，资产担保债券是一种安全且有较高收益的投资选择，可作为政府债券的一种替代品。

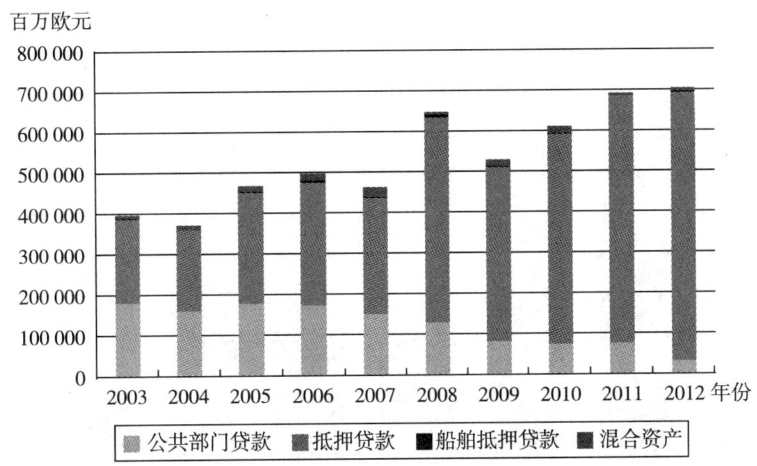

数据来源：欧洲资产担保债券理事会（ECBC）。

图1-8　2003年以来资产担保债券发行量情况

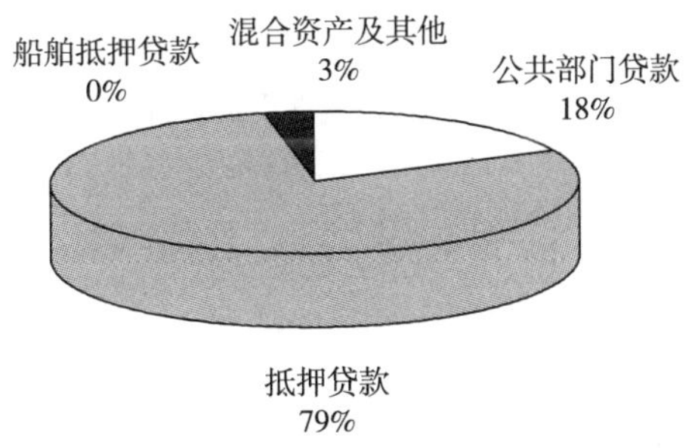

数据来源：欧洲资产担保债券理事会（ECBC）。

图1-9　2012年按抵押资产分类的资产担保债券存量构成情况

经过近十几年的快速发展，资产担保债券已经发展成为欧洲债券市场的主流业务品种，并受到越来越多的国际机构投资者青睐。2008年金融危机后，由于不需要政府提供担保，资产担保债券成为深陷困境泥潭的银行信用机构首选债务融资工具之一。随着资产担保债券市场的日益丰富完善，全球化已成为资产担保债券发展的主要趋势。目前，资产担保债券不仅局限在欧洲资本市场扮演重要角色，而在美国、加拿大、

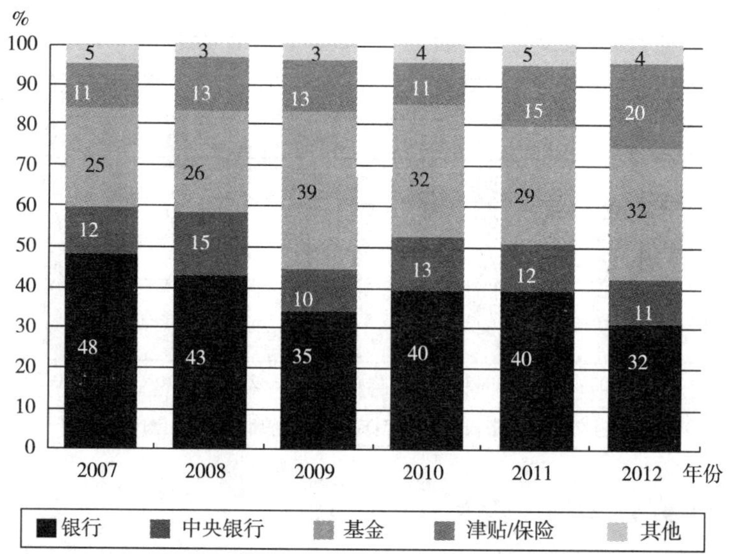

数据来源：欧洲资产担保债券理事会（ECBC）。

图1－10　资产担保债券投资者分类情况

澳大利亚、新西兰、日本及韩国等欧洲以外的国家相继出现结构化资产担保债券或正在推动建立资产担保债券体系。

二、资产担保债券发展历程

（一）欧洲本土资产担保债券起源

资产担保债券是欧洲一个非常古老的金融工具，其实是古希腊抵押贷款和荷兰及意大利债券的结合体。在资产担保债券这个结合体产生之前，抵押贷款和债券这两个概念的产生和发展在欧洲历史上经历了几个世纪，并沿着两条脉络：一是财产所有权、土地登记制度和抵押贷款的发展脉络，主要是古希腊当时为船运提供有担保贷款，从此引出了抵押贷款的概念，同时普鲁士（1722 年）、丹麦（1797 年）、波兰（1825 年）和法国（1852 年）相继推出的财产所有权和土地登记制度相关法律规定，为财产法奠定了基础；二是货币经济和债券的发展脉络，主要为荷兰在1602年建立了世界上最早的股票交易所——阿姆斯特丹股票交易所，用以交易其成立的东印度公司发行的股票和债券，以及意大利锡耶纳银行在1624年发行了一种将银行信贷与债券及不动产信用直接联系的金融产品。

当上述两条脉络发展到一定时期并产生交集时，才产生了真正意义上的资产担保债券。1770年，当时的普鲁士国王腓特烈二世强制各省设立了贵族土地协会，并允许该协会以协会成员的不动产作为担保发行债券，将募集到的资金为协会成员提供贷款资金，债券持有人对抵押的不动产及其产生的现金流拥有优先索取权，欧洲以不动产担保而发行的债券即早期的资产担保债券自此诞生。资产担保债券起初的目的是为农业发展进行融资，后来主要为房产和商业地产领域进行融资。

（二）资产担保债券在19世纪及20世纪90年代中期以前的发展①

1852年，法国成立了第一家不动产信用机构——法国抵押贷款信用银行（Credit Foncier de France，CFF），根据当时的一项政令，这是法国唯一一家被政府认可的不动产信用机构。法国以此为基础形成了《不动产信用机构法令》，该法令至今仍然有效。法国CFF可以发行债券或抵押贷款债券，即信用机构可以向借款人发放抵押贷款，并向储户直接发行抵押贷款债券。与德国土地协会发行的抵押贷款债券相比，通过法国CFF申请贷款的借款人无须同时承担与借款相关或与抵押贷款债券相关的多项义务，而抵押贷款债券的持有人只对不动产信用机构具有追索权。法国CFF的成立，是又一个与德国土地协会齐名的欧洲资产担保债券发展里程碑，对欧洲各国都有深远影响，特别是德国、英国、意大利、荷兰、丹麦和奥地利。欧洲各国以法国为榜样，结合各自

① 根据祝小芳编著的《欧洲全担保债券不败的传奇——欧美模式资产证券化对我国的启示》相关内容进行整理。

国家的体制和实际情况，纷纷制定资产担保债券相关法律和规定，成立相关的抵押贷款信用机构和银行，并最终形成现在的欧洲资产担保债券体系。

19世纪上半叶，丹麦、瑞典等国家将资产担保债券从不动产领域扩展到农业和森林等领域。19世纪末期，德国等一些国家又将资产担保债券拓展到公共部门贷款及船舶贷款融资领域。但欧洲大部分国家，如荷兰、比利时、法国、芬兰、奥地利、挪威等，都以不动产抵押贷款债券为主。资产担保债券在过去的200多年里一直是欧洲大陆一些国家筹集资金的有效渠道，但与美国过去几十年达到的信贷资产证券化发展速度相比，欧洲的资产担保债券发展相对缓慢。20世纪90年代中期以前，资产担保债券都局限在单个国家的纯本地债券，其流动性差成为吸引国际投资者的主要障碍。特别是20世纪中期以来，零售存款增长和银行间市场的发展，为抵押贷款提供了充足的资金来源，导致资产担保债券在许多欧洲国家的重要性下降，许多国家甚至抛弃了资产担保债券体系。

（三）资产担保债券在20世纪90年代中期后的发展

1995年，第一个德国大宗资产担保债券发行，凭借资产质量高、发行规模大（最低规模为5亿欧元，常见规模为20亿—30亿欧元）、流动性强（引入做市商和回购制度）等特点，吸引更多国际投资者增加对这一兼具安全性、流动性和较高收益产品的需求。德国的资产担保债券也成为欧洲最大的非政府债券市场。1999年统一使用欧元后，欧洲各国投资者跨国投资不再需要考虑货币问题，资产担保债券的流动性问题又得到进一步解决。为有效吸引国际资本投资者以纾困银行等信用机构的流动性紧张，西欧国家的银行又重新启动了资产担保债券体系，并创造了一个有竞争力的资本市场工具。20世纪末，中、东欧国家再次引入不动产融资概念，由于房地产市场的繁荣，资产担保债券为日益增加的房产抵押贷款提供资金支持，最后资产担保债券体系几乎遍布所有欧洲国家。美国财政部认为，1995年以后资产担保债券市场在欧洲的快速发展部分源于欧洲没有诸如房利美、房贷美以及联邦住房贷款银行这类政府支持的抵押贷款信用机构。

经过近十几年的快速发展，资产担保债券已发展成为欧洲债券市场上继政府债券之后的第二大债券，成为欧洲资本市场的一个重要组成部分。从2012年的资产担保债券存量余额来看，德国依然是该市场的主导者。但德国的市场份额已从1999年的95%下降到2012年底的18.6%。可以预见这一趋势仍将持续，因为其他国家也建立或扩充了他们的资产担保债券法律制度。据欧洲资产担保债券理事会透露，一些已拥有国内资产担保债券市场但尚无专门法律的国家，正致力于引进达到欧盟要求的资产担保债券法律体系，以吸引更多来自欧洲的投资者。

（四）资产担保债券成为全球性产品

1. 美国和加拿大

2006年第三季度，美国华盛顿信托基金（Washington Mutual）率先在美国发行了资产担保债券，2007年5月该基金成功进行了第二次发行。美洲银行（Bank of America）于2007年3月进入了资产担保债券市场。2008年7月，美国财政部和美联储均表示将支持资产担保债券在美国资本市场的推广，但受美国房市和次贷危机等因素的影响，资产担保债券目前尚未实现快速增长。截至2012年年末，美国资产担保债券存量余额60亿欧元。同时在北美，目前市场参与者愈来愈关注加拿大资产担保债券市场未来的发展潜力。截至2012年年末，加拿大资产担保债券存量余额491.2亿欧元。

2. 墨西哥

墨西哥在美国索罗斯基金的支持下，引进了丹麦的资产担保债券体系（丹麦模式为提前偿还的抵押贷款进行再融资提供了成功的框架）。索罗斯基金和墨西哥抵押银行成立了名为Hipotecaria Total（简称HiTo）公司，模仿丹麦体系通过当地银行提供抵押贷款。该公司于2006年获得了荷兰发展金融公司和墨西哥国有房贷机构的增资，此外丹麦抵押银行和丹麦中央证券存管机构共同提供软件系统和其他基础设施支持。墨西哥的资产担保债券项目是国际广泛合作的结果。

3. 阿根廷

早在1995年，阿根廷奠定了结构性资产担保债券（Structured Covered Bond）发行的基础。为加强房地产部门的发展并获得经济利益，阿根廷采用抵押债券（Letras Hipotecais）这种工具使抵押资产的转让变得更加容易。这种债券与美国发行的资产担保债券有很多相似之处，投资者只由信托资产提供担保，而对发行人没有完全偿付求偿权，这与某些被市场参与者公认为资产担保债券的产品相似（如意大利发行的CDP①）。因此这种债券可视为结构化的资产担保债券。

4. 澳大利亚

英国出现结构化资产担保债券模式后，澳大利亚开始资产担保债券探索。但在早期，澳大利亚审慎监督委员会（Australian Prudential Regulation Authority，APRA）认为出于保护资产担保债券持有者优先权而进行的资产隔离与保护银行存款人的原则存在冲突，因而资产担保债券在澳大利亚并没有得到发展。2010年12月，澳大利亚财政部表示通过修改相关金融监管法规允许资产担保债券发行。2011年11月，澳新银行（Australia and New Zealand Banking Group，ANZ）发行了澳大利亚首只资产担保债券。截至2012年年末，澳大利亚资产担保债券存量余额为349.02亿欧元。

5. 土耳其

2007年3月，土耳其通过了相关法律，引入资产担保债券和ABS作为新的融资工具。该法案提出了两种资产担保债券产品：一种是抵押资产担保债券，主要由住房抵押贷款担保（商业抵押贷款的上限为15%）；另一种是可由其他各种应收账款提供担保，即所谓资产覆盖债券。因此，土耳其法律超越了欧盟金融业资本要求指令CRD和许多西欧国家资产担保债券法案规定的合格资产标准。而其他标准，如资产负

① CDP是意大利政府绝对控股的联合股份公司，该专门机构被允许发行由满足特定资产隔离条款的资产池担保的债券。

债匹配规则、贷款额与房价款比例限制、发行人破产后管理等与西欧资产担保债券标准基本相同。

在资产担保债券的全球化发展方面，有几个趋势值得注意：首先，由公共部门贷款支持的资产担保债券的相对重要性持续下降；其次，国际化导致以外国货币计价的资产担保债券发行量不断增长；最后，当新的国家建立资产担保债券体系时，其标准可能和西欧有所不同，由于与资产支持证券 ABS 之间的差异变得更为模糊，这些国家新推出的资产担保债券似乎很难得到公认。

三、欧洲资产担保债券与美国资产证券化产品融资模式异同比较①

（一）共同特点

1. 改变了银行的传统业务模式

与股票、企业债、政府债等不同，欧洲资产担保债券与美国资产证券化产品主要是金融机构的信贷资产证券化。两者均是旨在增强信贷资产流动性的金融创新，通过盘活银行一部分未到期贷款，成为再融资工具。欧洲资产担保债券银行和美国信贷机构都从传统的吸收储蓄存款单一模式，变成了以吸收储蓄存款和发行资产担保债券与美国资产证券化产品再融资相结合的双模式。对投资者来说，可以进入传统的金融服务领域，分享专属于金融机构的贷款收益。

2. 以信贷资产池作担保发行债券

这是欧洲资产担保债券与美国资产证券化产品资产担保债券的一个重要特征。其中包含两个概念，一个是资产池的概念，两者均是依据独立的资产池作担保发行债券；另一个是担保的概念，两者的投资者拥有资产池现金流收入的专属权。另外，从两者的发展历史来看，房贷等安全性高和期限长的信贷资产，一直占有主导和重要地位。

---

①　根据祝小芳编著的《欧洲全担保债券不败的传奇——欧美模式资产证券化对我国的启示》相关内容进行整理。

3. 建立破产隔离机制

两者均建立了破产隔离机制。美国资产证券化产品通过资产池的“真实出售”机制，将美国资产证券化产品资产池的发起人破产风险进行隔离，使资产池不受发起人破产的影响。欧洲资产担保债券也有相似的破产隔离机制，当发起人破产时，依法注册登记的欧洲资产担保债券资产池将与破产的发起人其他资产相隔离，破产程序无权触及欧洲资产担保债券资产池的利益。

（二）主要差异

虽然欧洲资产担保债券与美国资产证券化产品资产担保债券具有一些相同特点，但两者存在更多的明显差异。一般来说，两者主要存在以下基本区别（见表1－2）。

表1－2　欧洲资产担保债券与美国资产证券化产品资产担保债券主要特征比较

	欧洲资产担保债券	美国资产证券化产品
发行人动机	再融资	转移风险、规避法规（资本金要求）、再融资、套利
发行人	一般是贷款发起人	特殊目的公司
对发起人的追索权	有	一般无
“表内”或“表外”结构	抵押资产一般保留在发起人的资产负债表中，但被确认为担保资产池	抵押资产转让给特殊目的公司，从贷款机构的资产负债表内剥离至表外
对发行人资本要求的影响	无	降低发行人的资本金要求
是否局限于发行人的信贷资产规模	是	无
对发行人或合格抵押资产的法定限制	有	一般无
资产池的管理	一般为动态的	大部分为静态的

续表

	欧洲资产担保债券	美国资产证券化产品
资产池对投资者的透明度	有限的（但质量由信托人或评级机构定期控制）	一般很高
担保资产池	• 资产池中的单个资产可替换； • 通常为异质资产； • 由法律界定合格资产（如最高贷款比例及完善的资产评估等）	• 资产池中的单个资产通常不可替换； • 通常为同质资产（在 CDO 结构下可以是异质资产）； • 法律未界定合格资产
分层结构	无	普遍采用
利率形式	• 主要是固定利率； • 利息支付一般一年一次	• 主要是浮动利率； • 利息支付一般一月一次
本金偿付	一般到期一次性偿付	分期摊销偿付和提前偿付
本息偿付来源	发行人现金流（发行人破产或无力偿还时由担保资产池现金流支付）	担保资产池现金流
信用风险承担	发行人	投资者
提前偿付风险承担	发行人	投资者
市场风险	投资者	投资者
信用质量控制	主要依据发行人的能力和法律要求	主要依靠债券结构设计
超额担保	通常有法律要求	通常为获得高信用评级而采用

按照不同分类标准，可以对欧洲资产担保债券与美国资产证券化产品资产担保债券的差别进行多方面比较。根据表 1 – 2 主要特征比较，以下从形式和内容两个方面对欧洲资产担保债券与美国资产证券化产品资产担保债券主要差异进行比较。

1. 形式差异

（1）从结构看，欧洲资产担保债券相对简单，只需将一部分资产从发行人的其他资产中分离出来，形成独立的担保资产池，无须从发行人资产负债表中剥离。而美国资产证券化产品复杂得多，资产池易主，债券分级，还本付息现金流被重新分配，各种结构创新层出不穷。

（2）从发行方式看，美国资产证券化产品有时也叫结构性融资，其重要特征就是将资产池进行等级划分和结构性设计，并依此发行不同等级债券。而欧洲资产担保债券采用普通的债券发行方式，这是与美国资产证券化产品相比最重要的差异点之一，也是欧洲资产担保债券不被认为是资产证券化产品的主要原因之一。

（3）从发行人看，欧洲资产担保债券的发行人为贷款机构本身或有资格的资产担保债券银行，他们不仅负责发行，还要承担资产担保债券的最终追索责任，并承担与资产池相关的信用风险、提前偿付风险、利率风险、汇率风险等。而美国资产证券化产品通过特殊目的载体 SPV 或 SPE 发行，其完全独立于贷款机构，并不与贷款机构合并报表。同时贷款机构不再承担与美国资产证券化产品或相关资产池的任何风险和追索责任。

（4）从中介机构参与看，美国资产证券化产品参与机构包括评级公司、主承销商、资产池管理公司、还本付息服务机构、资金保管机构等。而欧洲资产担保债券一般由发行人进行资产管理和承担资产担保债券相关的责任和义务，仅需信用评级公司对资产担保债券发行人和资产担保债券资产池质量提供信用评级服务。

2. 内容差异

（1）从发行动机看，欧洲资产担保债券以融资为目的，从该产品创始至今目的基本未变。而美国资产证券化产品虽然早期以融资为目的，但随着金融创新的不断深入，已从融资目的演变为转移资产风险、规避法规等多重目的。

（2）从资产池与贷款机构的关系看，美国资产证券化产品将资产池从贷款机构的资产负债表内转移表外，体现了“真实出售”，是将资产所包含的权利和责任全部完整地从出售方转移给购买方，不附加任何回购期权条款。而欧洲资产担保债券不涉及资产出售的概念，只是与其他信贷资产分离开来，留在贷款机构资产负债表内，欧洲资产担保债券这种表内特征，是区别于美国资产证券化产品的决定性特征之一。

（3）从是否具有衍生功能看，美国资产证券化产品的衍生功能来自于再证券化以及合规型 CDO 等创新产品。欧洲资产担保债券无衍生功能，不能被二次或多次再包装成新的债券。

（4）从是否具有公司债性质看，欧洲资产担保债券由于贷款机构需承担最终追索责任，与公司债具有相似之处。美国资产证券化产品的所有还本付息由担保资产池承担，完全脱离了公司债的性质，是独立的资产池债券概念。

（5）从资产池是否固定看，美国资产证券化产品资产池一般为固定资产池，在还本付息结束之前或在资产池现金流分配结束之前，一般保持不变。而欧洲资产担保债券可以根据贷款机构需要，替换资产池内一些资产，以使资产池始终保持足够的现金流，从而保证资产担保债券的按期还本付息，特别是当发生违约或提前偿付事件时。为了防止贷款机构的操纵行为，欧洲国家一般对资产池的依法注册登记有严格要求。

（6）从是否受限于贷款机构资产规模看，欧洲资产担保债券由于不能真实出售资产池和横向组合，一般受制于发行银行自身的信贷资产规模。而美国资产证券化产品以“买断式”购买资产池，可以横向组合不同贷款机构的同质或异质资产。

（7）从资产池是否多样化看，美国资产证券化产品资产池已拓展到汽车贷款、信用卡贷款、学生贷款等其他非抵押房屋贷款领域，结构性融资的特征可以使资产池扩展到更宽广的领域，甚至包括非信贷资产池领域。而欧洲资产担保债券的资产池比较单一，主要限于房屋抵押贷款和公共部门贷款两种相对安全的资产，资产的安全性仍是欧洲资产担保债券资产池的主要考虑之一。

四、结构化资产担保债券的主要模式[①]

近年来，抵押贷款人越来越倾向于用结构性融资安排来复制传统的资产担保债券。在大多数情况下，这是由希望发行资产担保债券但缺少专门法律规定的国家发起的，如英国、荷兰、美国。在其他例子中，也有发行人国家有资产担保债券法律体系框架，但他们在法律框架外发行结构性资产担保债券，目的是为了在某些方面获得更多的灵活性，如在进入资产池的资产方面。

与传统资产担保债券一样，结构化资产担保债券（Structured Cover Bonds，SCB）的发行也保障了投资者对发行人和特殊抵押资产池的双重求偿权，但这不是通过法律，而是通过一个特殊目的公司或合约安排来实现的。

前文所述阿根廷早在1995年为支持本国房地产业发展，采用一种叫作Letras Hipotecarias的工具，可视为结构化资产担保债券的雏形。作为一个普遍接受的产品，结构化资产担保债券由苏格兰哈利法克斯银行（HBOS）于2003年率先推向市场。结构化资产担保债券最初都是由没有资产担保债券具体法律的国家发行的，但到2006年，为更加有效地利用抵押资产进行再融资，具备资产担保债券法律体系的国家也开始引入结构化资产担保债券，如法国巴黎银行（BNP Paribas）在本国资产担保债券体系之外，成立了一个结构化资产担保债券项目。同一时间，德国柏林土地银行（Landesbank Berlin）也在其法定的潘德布雷夫法律框架之外引入结构化资产担保债券项目。经过几年的快速发展和完善，目前结构化资产担保债券已获得市场的认同，成为法定资产担保债券的替代品。

在破产保护方面，由于结构化资产担保债券都是在合同的基础上发行的，其破产隔离的依据是各国的基本法以及破产程序的法理学原理。

① 根据巴曙松编著的《全覆盖债券的国际经验及中国的现实选择》相关内容进行整理。

当前发行的结构化资产担保债券的抵押资产严格限制在 CRD 框架下对一般资产担保债券规定的合格资产上，但目前有增加其他类型资产（如汽车贷款）的趋势。

总结目前结构化资产担保债券的发行，主要有两种模式：

（一）英国、荷兰模式

在英国、荷兰模式下，抵押资产由特殊目的公司 SPV 持有并用于为资产担保债券持有人提供担保，资产担保债券是发起人的直接债务，从而实现对债券持有人的双重保护。

1. 英国模式

在英国结构化资产担保债券的一般发行模式中，一是发行人发行资产担保债券，将发行筹集的资金以内部贷款方式贷给特殊目的公司，特殊目的公司以内部贷款向发起人购买合格的抵押资产，通过这一操作，实现抵押资产对发起人的破产隔离与资产隔离；二是事先设定内部贷款的偿还方式，使其与资产担保债券的本息支付周期和金额相一致，内部贷款偿还的金额专项用于偿还相应资产担保债券的本息，以规避发行人的利率风险，特殊目的公司以购买的抵押资产作为资产担保债券本金和利息偿付的担保，并通过互换协议对冲抵押资产现金流与内部贷款流出不一致的风险。同时，发行人的组织成员也为发行人债券提供一般保证，一旦特殊目的公司违约，资产担保债券的持有人还可以向发行人追偿。

2. 荷兰模式

荷兰发行结构化资产担保债券的原理与英国大致相似，也是将抵押资产转移给特殊目的公司持有，用于资产担保债券的发行，并且资产担保债券是发起人的直接债务，从而实现对债券持有人的双重保护。所不同的是：荷兰的特殊目的公司为发起人的子公司 CBC，而英国的特殊目的公司为有限责任合伙企业 LLP。荷兰的发起人将资产直接划转给子公司 CBC，并为资产担保债券提供担保，而英国则需要由有限责任合伙企业 LLP 购买才能实现抵押资产转移。

（二）法国、美国模式

在法国、美国模式下，资产担保债券由发起人专门成立的子公司发行，子公司将发行资产担保债券所得资金贷款给母公司，贷款由抵押资产池提供担保，但仍然在母公司的资产负债表上。一旦母公司无力偿还，子公司就对抵押资产采取保护措施继续服务已发行的债券。

1. 法国模式

以法国巴黎银行（BNPP）发行为例，资产担保债券由 BNPP 成立专门的子公司 BNPP CB 发行，BNPP CB 以 BNPP 及其分支机构提供的抵押资产作为担保发行资产担保债券，并将发行筹集的资金贷给 BNPP（以抵押资产为担保），BNPP 向 BNPP CB 偿付贷款的本金和利息，再由 BNPP CB 向投资者偿付相应的资产担保债券的本息，一旦 BNPP 违约，则由 BNPP CB 接管抵押资产池，并用于保障资产担保债券本金及利息的支付。

2. 美国模式

美国模式与法国模式相似，资产担保债券由子公司发行，但子公司采取信托的形式。发起银行以抵押资产为担保向信托子公司定向发行抵押债券，信托子公司以该抵押债券为担保向投资者发行资产担保债券。信托子公司可通过行使对抵押资产池的权利，来控制资产担保债券偿债进度。

五、资产担保债券对我国债券市场建设的启示

实践表明，资产担保债券是一种“双赢”债务融资工具，它不仅可以帮助发行人有效盘活存量信贷资产，即通过将自身信贷资产池中较为优质的资产进行非实质隔离发行，获得较低的长期融资资金，又可以帮助投资人配置一个高信用等级的政府债券替代品。因此，资产担保债券逐渐受到欧洲以外其他国家发行人和投资人的青睐，特别是在金融危机期间，得益于资产担保债券可以为其持有人提供可靠的保障，资产担保债券成为最富有活力和弹性的银行债务融资工具。经过 200 多年的发展，当前愈来愈多的国家希望能通过资产担保债券建立一个为抵押贷款融资提供高效的融资体系，并从中获益。

考虑中国金融市场实际客观情况，可以学习和借鉴美国、英国、荷兰和法国的模式，在没有建立起专门的资产担保债券法律框架前，以现有法律为基础，通过结构化安排，发行结构化资产担保债券来推动其在中国发展，然后根据实际业务开展情况，逐步推动建立符合中国国情的资产担保债券法律体系。总之，作为一种高信用等级、低成本的长期债务融资工具，中国引进和推广资产担保债券具有重要的现实意义。

（一）资产担保债券可以提高金融市场配置资源的效率

2013 年以来，新一届政府多次明确提出要“优化金融资源配置，用好增量、盘活存量”，更有力地支持经济转型升级，更好地服务实体经济发展的指导思想。银行贯彻落实盘活存量的最有效做法是通过去杠杆化提高流动性。资产担保债券可以让银行体内缺乏流动性但具有稳定收益性的信贷资产盘活。银行通过发行资产担保债券募集到资金后，可以将资金向经济发展的薄弱环节和重点领域倾斜，特别是用于“三农”、小微企业、棚户区改造、基础设施建设等，进而提高金融市场配置资源的效率。

（二）资产担保债券可以扩宽商业银行融资渠道

商业银行在业务经营中，通常考虑如何在资产负债表中的负债和所有者权益方面作文章，即依靠吸收存款、发行债券和股票进行融资。但随着金融市场的不断深化发展，目前越来越多的商业银行正在考虑如何在资产负债表中的资产方面下功夫，即尝试用信贷资产证券化进行融资。资产担保债券是另一个创新的融资模式。同时，由于商业银行当前通过吸收存款、银行间市场同业拆借等方式更容易获得短期资金来源，而缺乏较为稳定的长期融资渠道，这很容易造成多数商业银行的资产负债结构不匹配、流动性风险较突出的现实情况，2013 年 6 月发生的“钱荒”事件就是例证。资产担保债券可以有效地帮助商业银行解决上述问题的发生，因为发行人可以根据抵押资产的期限结构和现金流情况发行相应期限和利率的资产担保债券，并通过各种互换工具对冲因货币或利率差异而带来的风险。

（三）资产担保债券可以多样化固定收益类证券投资工具

当前我国债券市场上低风险债券品种主要是国债和政策性银行金融债券，而国债的收益率偏低，与国债相比，绝大多数资产担保债券由于具有双重保护，其信用质量一般较高，且收益率通常高于政府信用债券，因此资产担保债券为保守的投资者提供了多样化其投资组合而不降低证券组合信用质量的选择。如果引进资产担保债券，中国的投资者在进行资产管理、流动性管理和构建稳定投资组合方面多了一个新的债券投资工具和投资选择。同时，资产担保债券可以满足各类不同风险偏好投资者的投资需求，从而有利于促进我国债券市场的健康长远发展。

（四）资产担保债券可以促进我国资产证券化市场发展

当今被理论界和实务界认可的资产证券化模式，主要分为欧洲资产担保债券和美国资产支持证券两种。金融危机爆发后，美国的资产证券化创新神话被打破，而欧洲的资产证券化模式正在被广泛关注和推崇。我国资产证券化市场尚处于起步发展阶段，从2005年国开行和建行获准首批信贷资产证券化试点起步，我国的资产证券化已经走过了8年探索之路，但主要采用的是美国资产证券化模式。随着利率市场化及金融体制改革的深化，市场对资产证券化的改革推进呼声愈加强烈。然而，金融危机“余震犹存”，我国在资产证券化的发展中仍需谨慎决策，在继续推进美国资产证券化模式的同时，如果适当考虑引进欧洲资产证券化模式，将有益于我国构造和设计符合自身发展需要的资产证券化发展道路和改革步骤。

（五）资产担保债券可以降低金融系统性风险

长期以来，银行贷款在社会融资总量中扮演重要角色，这容易导致金融风险积聚在银行业内。当经济长时间处于疲弱下滑周期，或者金融危机爆发，信用违约风险可能随之燃起并扩散，那么作为信用风险较为集中的银行业将在劫难逃，银行将通过消耗净资本冲抵坏账发生的损失，从而进一步导致全社会信贷紧缩，并使经济进入二次或深度衰退。资产担保债券可以将信贷风险从银行分散至证券、信托、保险、基金等不同债券持有者身上，这将在一定程度上保障金融体系的稳定性和安全性。

第三节　资产支持票据的发展

一、资产直接融资的市场需求

（一）直接融资市场和间接融资市场并驾齐驱

1. 直接融资总量大幅提升

伴随着我国债券市场的快速发展，近年来直接融资比重的大幅提升，利率市场化的进程正在加快，企业出现多元化融资的现象。2013年，全年社会融资规模为17.3万亿元，其中直接融资（债券融资与非金融机构境内股票融资之和）达到2.02万亿元，占社会融资规模的11.7%左右，这一比例比2003年增长了约8.6个百分点。

表1－3　　2003—2013年我国直接融资规模及占比

年度	社会融资规模（万亿元）	直接融资（万亿元）	直接融资占比（%）
2003	3.4	0.1	3.1
2004	2.9	0.1	4.0
2005	3.0	0.2	7.8
2006	4.3	0.4	9.0
2007	6.0	0.7	11.1
2008	7.0	0.9	12.7
2009	13.9	1.6	11.3
2010	14.0	1.7	12.0
2011	12.8	1.8	14.1
2012	15.8	2.5	15.9
2013	17.3	2.0	11.7

资料来源：国家统计局。

2. 债券融资规模不断增长

2013 年，企业债券净融资达到 1.80 万亿元，占社会融资规模的 10%左右，比 2003 年提高了约 9 个百分点；占直接融资的 89%左右，比 2003 年提高了约 42 个百分点。

表 1－4　　2003—2013 年我国债券融资规模及占比

年度	债券融资规模（万亿元）	占社会融资规模比例（%）	占直接融资比例（%）
2003	0.05	1	47
2004	0.05	2	41
2005	0.20	7	86
2006	0.23	5	60
2007	0.23	4	35
2008	0.55	8	62
2009	1.24	9	79
2010	1.11	8	66
2011	1.37	11	76
2012	2.26	14	90
2013	1.80	10	89

资料来源：国家统计局。

3. 债务融资工具发行量逐年提升

尽管截至目前，我国企业的融资方式主要以间接融资为主，间接融资中又以银行贷款为主导，但从近三年全国新增贷款与债务融资工具发行量的情况来看，债务融资工具发行量占新增贷款规模之比逐年提升，不难看出在利率市场化大背景之下，全社会金融脱媒现象越来越明显。

表 1－5　　全国新增人民币贷款与债务融资工具发行量情况

单位：万亿元，%

项目/年度	2009	2010	2011	2012	2013
全国债务融资工具发行量	1.15	1.186	1.83	2.6	2.8
全国新增人民币贷款规模	9.59	7.92	7.47	8.20	8.9
全国债务融资工具发行量与新增人民币贷款规模之比	12	15	25	32	31

资料来源：国家统计局。

（二）通过资产支持实现直接融资成为信用类债务融资工具的有效补充

在直接融资市场蓬勃发展、方兴未艾的同时，资产证券化类产品在国内却还是凤毛麟角。受限于我国的法律制度，国内的资产证券化产品只有信贷资产证券化，因其确立是通过信托发行，实现了通过信托法的信托财产中立原则，而不被纳入任何参与机构的破产清算财产，真正意义上做到破产隔离的资产证券化。

然而，信贷资产证券化主要针对的是银行信贷资产，大部分非金融企业盘活存量资产，提高资产流动性的需求，只能通过信托融资、保险资金债权投资计划、证券公司资产管理计划等渠道实现融资。这些融资方式主要依靠的是信托、保险、证券公司等金融机构的风险判断和控制，有很多产品还需要银行等第三方提供担保，一方面弱化了以资产现金流作为还款来源的产品特性，另一方面也无法通过信息披露、市场监督等公允的市场行为来规范和发扬资产支持在融资中的重要作用。

因此，交易商协会在我国债务融资工具等直接融资市场迅猛发展的基础上，引入通过资产支持实现直接融资的还款保障的理念，将资产的现金流作为直接融资的还款来源，为以往以信用债券为主的直接融资市场增添了新的元素并形成有效补充。

因此，非金融企业在银行间债券市场发行的，由基础资产所产生的现金流作为还款支持的，约定在一定期限内还本付息的债务融资工具——资产支持票据应运而生。

二、国内其他资产证券化产品

（一）信贷资产证券化

信贷资产证券化是指在中国境内，银行业金融机构作为发起机构，将信贷资产信托给受托机构，由受托机构以资产支持证券的形式向投资机构发行受益证券，以该财产所产生的现金支付资产支持证券收益的结构性融资活动。

1. 我国信贷资产证券化的发展历程

• 2003 年 1 月信达资产管理公司与德意志银行签署资产证券化和分包一揽子协议，这是我国资产证券化和利用外资领域的一个突破，是对不良资产处置新手段的一种有益尝试。

• 2003 年 6 月，华融资产管理公司将 132.5 亿元的不良债权资产，委托中信信托投资公司设立三年期的财产信托，并将其中的优先级受益权转让给投资者，这一“准资产证券化”举措首创了国内资产处置业务的全新交易方式。

• 2003 年 10 月，瑞士信贷第一波士顿首席执行官在京宣布，与工商银行签署了有关资产证券化协议，对工行宁波分行账面价值为 3 亿美元的不良资产进行证券化，成为中国第一个类信贷资产证券化项目。

• 2004 年 6 月，中信实业银行推出了最新人民币信贷资产信托受益权转让产品“存贷宝”——准资产证券化产品。

• 2005 年 3 月，深圳国际信托投资有限公司称，将信托计划募集资金用于受让深圳发展银行总行营业部的信贷资产；信托期限届满，由深圳发展银行总行营业部回购该部分信贷资产。业内说：“这一信托计划实际上就是适合中国国情下的一种资产证券化。”同期，浦发银行与申银万国证券公司合作，推出价值 10 亿元房贷资产证券化试点方案。

• 2005 年 3 月国务院正式批准中国建设银行和国家开发银行作为信贷资产证券化的试点单位，真正拉开信贷资产证券化的帷幕。

• 2012 年人民银行、银监会和财政部联合下发了《关于进一步扩大信贷资产证券化试点有关事项的通知》，启动了新一轮总额 500 亿元的试点。

• 2013 年 8 月 28 日，国务院总理李克强主持召开国务院常务会议，决定进一步扩大信贷资产证券化试点，试点规模为 4 000 亿元。本轮扩大试点举措充分显示国务院大力发展国内信贷资产证券化业务的决心，试点工作将为国内信贷资产证券化市场迈向常态化发展打下基础。

2. 我国信贷资产证券化的政策环境

表 1－6　　　　我国信贷资产证券化相关制度

国务院	2006 年 5 月国务院批复，肯定试点成果，继续稳步推进 2007 年 4 月国务院关于“扩大试点”批示下发 2011 年同意进一步扩大试点，2013 年 5 月人民银行、银监会、财政部三部委联合下发《关于进一步扩大信贷资产证券化试点有关事项的通知》
银监会	金融机构信贷资产证券化试点监督管理办法 《商业银行资本管理办法》对证券化交易的资本监管有全面、细致的规定
人民银行	信贷资产证券化试点管理办法 资产支持证券信息披露规则 资产支持证券交易操作规则 关于信贷资产证券化基础资产池信息披露有关事项公告 关于资产支持证券在全国银行间债券市场进行质押式回购交易的有关事项公告
财政部	信贷资产证券化试点会计处理规定
国税总局	关于信贷资产证券化有关税收政策问题的通知
建设部	关于个人住房抵押贷款证券化涉及的抵押权变更登记有关问题的试行通知
保监会	关于保险资金投资有关金融产品的通知
劳动保障部	关于批复全国社保基金投资资产证券化产品有关问题的批复（与财政部共同发布）

3. 信贷资产证券化的基本交易结构

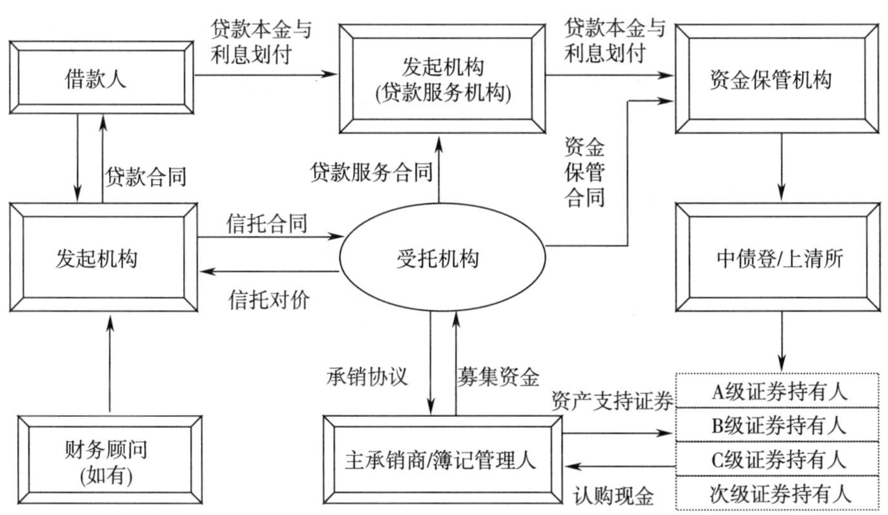

图 1－11　信贷资产证券化基本交易结构

4. 国内信贷资产证券化产品发行情况

国内信贷资产证券化始于2003年，并于2005年正式开闸；2005—2008年底，国内共有11家金融机构发行17单信贷资产证券化试点项目，总发行规模为667.83亿元。基础资产类型主要是银行和非银行金融机构的贷款，其中对公贷款（65.14%）、中小企业贷款（1.04%）、个人住房抵押贷款（10.75%）、汽车贷款（2.98%）、不良资产（20.09%）等。2009年后，因受美国次贷危机影响，信贷资产证券化试点一度处于停滞状态。

中国资产支持证券市场规模远小于美国发展初期水平。在1985年ABS出现之初，美国资产支持证券市场规模已达4000亿美元，占债券市场总额8.7%；然而截至2008年年末资产证券化暂停前夕，我国债券市场仅有17单信贷资产支持证券，票面总额667.83亿元人民币，不足同期债券市场总额的0.6%。

2012年新一轮试点启动以来，截至2013年年末，共计发行360余亿元，从参与机构、发行频率和发行规模看，信贷资产证券化的市场热度正在升温。结合我国社会融资需求和资产支持证券发行规模看，国内信贷资产证券化业务发展空间巨大。

因此，推动国内信贷资产证券化的发展是大势所趋，市场的内生需求已经为国内商业银行发展信贷资产证券化业务打开广阔空间。

（二）券商专项资产管理计划

专项资产管理计划，以特定基础资产或资产组合所产生的现金流为偿付支持，通过结构化方式进行信用增级，在此基础上发行资产支持证券的业务活动，即证券公司以专项资产管理计划（以下简称“专项计划”）为特殊目的载体，以计划管理人身份面向投资者发行资产支持受益凭证，按照约定用受托资金购买原始权益人能够产生稳定现金流的基础资产，将该基础资产的收益分配给受益凭证持有人的专项资产管理业务。

1. 专项资产管理计划的发展历程

- 2004年2月1日，证监会颁布实施《证券公司客户资产管理业务试行办法》，专项资产管理计划问世；2005—2006 年共发行 9 单产品，皆由银行提供外部担保增信。

- 2009 年，证监会颁发《证券公司企业资产证券化业务试点指引》，专项资产管理计划小面积重启。
- 2013 年 3 月 15 日，证监会颁布《证券公司资产证券化业务管理规定》，进一步规范专项资产管理计划业务。4 月 22 日，深圳交易所颁布了《深圳证券交易所资产证券化业务指引》。
- 2014 年 2 月，国务院发布《国务院关于取消和下放一批行政审批项目的决定》（国发〔2014〕5 号），其中包括证监会取消对证券公司专项投资审批。

2. 专项资产管理计划的基本交易结构

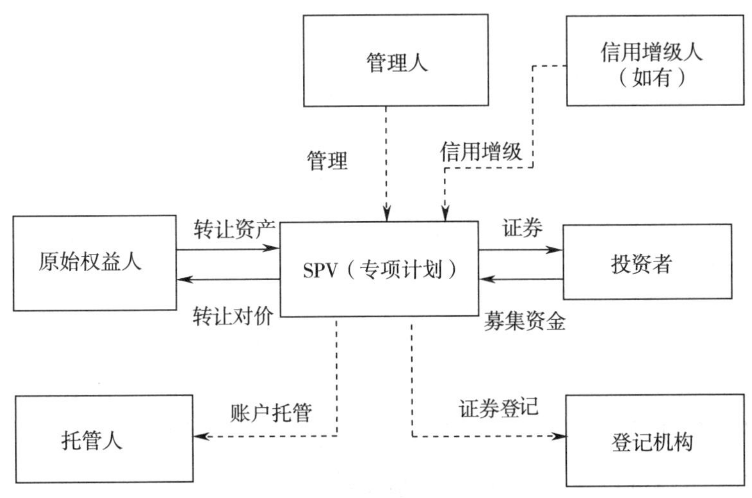

图 1－12　专项资产管理计划基本交易结构

3. 专项资产管理计划的适用范围

2013 年 3 月 15 日，证监会正式发布《证券公司资产证券化业务管理规定》，通过列举的方式列明可以证券化的基础资产具体形态，允许包括企业应收款、信贷资产、信托受益权、基础设施收益权等财产权利，商业票据、债券、股票等有价证券，商业物业等不动产财产等均可作为可证券化的基础资产。

证券公司通过设立特殊目的载体开展资产证券化业务，特殊目的载体，指证券公司为开展资产证券化业务专门设立的专项资产管理计划（以下简称“专项计划”）或者中国证监会认可的其他特殊目的载体。

4. 专项资产管理计划产品发行情况

我国专项资产管理计划的发行主要分为两个阶段，从2005年8月首单开始到2006年8月的一年间，发行9单试点产品，后因次贷危机引发的金融风暴，试点进程缓慢，直至2011年开始又陆续推出了几单。

截至2013年年末，共发行专项资产管理计划19单，合计发行规模逾370亿元。

三、资产支持票据产生

近年来，世界经济复苏的曲折性、艰巨性进一步显现，我国经济社会发展面临的国内外环境更加错综复杂。国家一直强调要用改革的办法，用市场的办法，推进结构调整和发展方式转变，提高产业竞争力，增强经济发展的活力和可持续性。2012年召开的全国金融工作会议提出，市场化程度不高仍然是我国金融发展改革面临的主要矛盾，强调必须鼓励金融创新，为金融创新营造有利的政策环境和监管条件。

而纵观国内非金融企业的经营发展，盘活存量、提高资产流动性成为企业的迫切需求。

从我国实体经济发展的需要看，企业当前拥有的有市场价值、能产生稳定现金流的存量资产缺乏流动起来的条件和载体，存量资产的使用效率明显低于国外成熟市场。用金融工程技术盘活这类资产，有利于提升企业存量资产的利用效率，拓宽企业融资渠道，加强金融支持实体经济的及时性和有效性。

从我国城市化进程的需要看，离不开大规模的基础设施建设，而单纯依靠贷款、信用债等方式不能完全满足高负债率企业的可持续融资。为更好地支持城市化进程，市场开始寻求一种能通过盘活既有基础设施中有市场价值的资产来实现融资的新产品。

为推动金融市场发展，提升企业存量资产的利用效率，拓宽企业融资渠道，交易商协会从2008年开始就潜心资产支持票据产品的研发，组织集司法、监管及浦发银行、中信证券等市场相关成员，借鉴成熟市场资产支持证券的通行做法和国内信贷资产证券化实践经验，以国外资产担保债券为蓝本，研究在中国市场上推进资产支持票据产品的交易结构和路径。

（一）资产支持票据产品的创新意义

作为金融市场的一项重要创新，资产证券化以其新型的融资方式改变了传统的投资融资体系，带来了金融市场的巨大变革。资产证券化不仅拓宽了企业融资渠道，促进了经济增长，而且提升了债务资本的市场功能，改善了低信用评级企业融资状况。资产支持票据的创新突破，则进一步填补了国内企业通过资产实现直接融资的渠道缺失，对我国的金融市场、发行企业、投资者都具有深远的意义。

1. 对金融市场

（1）拓宽市场融资渠道的新品种，对于企业拥有的相当数量有市场价值、能产生稳定现金流的资产，用金融工程技术盘活这类资产，将为金融支持实体经济开辟新的路径。采用基础资产现金流支持的模式将直接债务融资市场的目光更多地聚焦于实体经济中，聚焦于企业实际经营发展能力上，有利于加速盘活非金融企业的低流动性资产，可以支持更多民生领域建设，促进中国城镇化进程。

（2）有利于丰富债券品种，推进市场发展。随着债务融资工具市场的快速发展，进一步丰富金融产品成为市场发展的内在要求。资产支持票据的推出将为市场引入结构化产品，有利于进一步发挥场外金融市场优势、满足发行人和投资人的个性化需求，推进银行间债券市场功能提升。

（3）拓展通过债务融资工具实现直接融资的发行人范围，扩大银行间市场的服务范围，进一步扩大非金融企业债务融资工具的市场规模。

（4）增加非金融企业债务融资工具的增级措施，实现内部增级。

2. 对发行人

（1）有利于缓解低信用评级企业的融资状况。对于信用级别较低、发行较为困难的企业，如这类企业拥有一部分有稳定现金流的资产，可以用证券化技术剥离出来、加以盘活，使原来难以发行的信用债券，转化为债券项评级相对较高的资产支持票据产品，相应缓解低信用评级企业的融资状况。

（2）有利于企业获得更高的资产周转率，加速项目的上马和建设。

（3）通过信息披露等外部监督机制，督促企业进一步完善和提高资产运营管理能力。

（4）通过对基础资产运营情况的披露，强化发行人的市场形象，获取更高的市场认可度。

（5）可能获得优于信用债券的发行利率条件。

3. 对投资人

丰富了市场产品类型，且较信用债券产品风险更易于识别、易于掌控。

4. 对主承销商

（1）在控制风险的前提下，增加中间业务收入，扩大服务客户范围。

（2）通过对基础资产的监督管理，在更深入了解发行人的运营，控制风险的同时做深企业服务。

（二）交易商协会在资产支持票据创新方面的举措

鉴于资产支持票据创新会带来前述的重大战略意义，在如何实现资产支持型债务融资的实施路径上，交易商协会主导的创新小组综合了资产证券化的原理和全覆盖债券的结构，主要基于以下的框架开展创新研发：

1. 该产品是债务融资工具的一种，在《银行间债券市场非金融企业债务融资工具管理办法》（人民银行 2008 年 1 号令）的指导下进行创新研发，即发行主体为非金融企业。

2. 拥有资产的发起人作为该产品的发行人。

3. 投资者对基础资产和发行人有双重追索权，即资产的现金流用于票据偿付，不足时由发行人进行补偿。

4. 考虑到发行人是票据的最终债务人，对票据有最终偿付义务，所以，该产品为表内融资。

5. 基础资产的现金流是票据的第一还款来源，同时发行人有第二偿付义务，故可以在一定程度上实现票据的债项评级高于发行人的主体评级。

（三）资产支持票据指引解读

《指引》通过短短的十三条条款，对资产支持票据的业务属性进行了明确的定义和规范，兼顾可操作性和开放性，为该产品的持续发展奠定了扎实的基础。

《指引》在对基础资产的选择、现金流归集和管理的方式、交易结构的设定、公开或非公开定向发行方式等环节做相应规定的同时，给市场预留了较大的创新自由度，使不同基础资产搭配不同交易结构和发行方式等方面拥有较大的发挥空间，有利于该业务今后的市场拓展。

1. 资产支持票据的产品定位

（1）是债务融资工具基础产品的有效补充

《指引》是根据《银行间债券市场非金融企业债务融资工具管理办法》（中国人民银行令〔2008〕第1号）及相关法律法规制定的，明确了资产支持票据是非金融企业在银行间市场发行的一种债务融资工具产品。资产支持票据是继短期融资券、超短期融资券、中期票据、中小企业集合票据等之后，交易商协会推出的另一项债务融资工具的基础性产品，是对现有基础性产品的有益补充。

（2）发行方式可选择

《指引》第四条明确“企业可选择公开发行或非公开定向发行方式在银行间市场发行资产支持票据”，所以资产支持票据可以和非公开定向债务融资工具（PPN）进行组合，形成非公开定向发行的资产支持票据。

（3）交易结构预留创新空间

《指引》第五条明确“企业发行资产支持票据应设置合理的交易结构”，只要该交易结构不损害股东、债权人利益，做好相关信息披露和提示，交易结构的设计想象空间较大，可实现根据发行人的实际需要选择基础资产继续留在表内、做大资产规模或者基础资产法律和会计上出表、优化资产负债结构的交易设计。

2. 资产支持票据的基本理念

（1）定义基础资产

① 对基础资产的界定：基础资产是指符合法律法规规定，权属明确，能够产生可预测现金流的财产、财产权利或财产和财产权利的组合。

《指引》没有对基础资产进行例举式的约定，而是以最宽泛的“能够产生可预测现金流”来定义基础资产，给基础资产类型提供了很大的想象空间，也为项目收益债券等其他产品打开了创新空间，使银行间市场的产品创新更具生命力。

② 对基础资产的要求：基础资产不得附带抵押、质押等担保负担或其他权利限制。

《指引》要求基础资产在开展资产支持票据业务时不得存在抵质押等他项权利，以确保基础资产作为票据还款来源的有效性，但同时注意到《指引》也没有约定基础资产一定要为资产支持票据提供抵质押。

（2）由基础资产所产生的现金流作为还款支持

《指引》要求：制定切实可行的现金流归集和管理措施，对基础资产产生的现金流进行有效控制，对资产支持票据的还本付息提供有效支持。

基础资产所产生现金流对资产支持票据的还款支持义务，《指引》采用“归集和管理”、“有效控制”和“有效支持”进行了必要约束，但没有就实施方式和路径进行详细描述，给每个项目的个性化交易安排预留了空间。

3. 资产支持票据的规范性要求

（1）强调对投资人的保护

《指引》第八条详细列示了资产支持票据在发行文件中必须约定的投资者保护机制，这是在原有的债务融资工具标准的投资者保护机制之外，结合资产支持的特点所分析提炼的。

《指引》突出由存续期间基础资产的质量变化而引发投资人保护机制，切实地将票据的偿付能力和基础资产的还款支持捆绑在一起，真正落实了基础资产对票据的偿付义务。

（2）叠加的信息披露要求

《指引》第九条明确约定了企业发行资产支持票据应披露的信息，这是在《银行间债券市场非金融企业债务融资工具信息披露规则》规定的定期和不定期信息披露事宜之外，根据资产支持票据产品的特性特别约定的披露内容。

通过引入现金流评估预测报告等第三方报告形式，强化分析了基础资产的还款能力，且要求在 ABN 存续期内，定期披露基础资产的运营报告，供投资者对比基础资产的实际营运状况和预测之间的差异，及时了解基础资产的运营状况，实现对资产支持票据投资的主动性管理，而不限于借助评级公司的跟踪评级结果来判断投资价值。

（四）与其他非金融企业债务融资工具的比较

1. 同类非金融企业债务融资工具产品的定义

短期融资券（CP），是指具有法人资格的非金融企业（以下简称企业）在银行间债券市场发行的，约定在 1 年内还本付息的债务融资工具。

中期票据（MTN），是指具有法人资格的非金融企业（以下简称企业）在银行间债券市场按照计划分期发行的，约定在一定期限还本付息的债务融资工具。

超短期融资券（SCP），是指具有法人资格、信用评级较高的非金融企业（以下简称企业）在银行间债券市场发行的，期限在 270 天以内的短期融资券。

非公开定向债务融资工具（PPN），是指具有法人资格的非金融企业，向银行间市场特定机构投资人发行债务融资工具，并在特定机构投资人范围内流通转让的行为。

2. 产品共同点

都是在《银行间债券市场非金融企业债务融资工具管理办法》（中国人民银行令〔2008〕第 1 号）及相关法律法规管理项下的直接融资工具。

目前资产支持票据的结构是基础资产的原始权益人或其关联企业作为发行主体，所以在发行主体的准入标准、行业政策等要求方面和其他债务融资工具品种的要求一致。

3. 差异分析

表 1－7　资产支持票据与其他债务融资工具的差异比较

	CP	MTN	ABN	PPN	SCP
产品期限	1 年及以内	1 年以上	无限制要求	无限制要求	270 天及以内
募集资金用途	应用于符合国家法律法规及政策要求的企业生产经营活动，如偿还银行贷款、补充营运资金等	应用于符合国家法律法规及政策要求的企业生产经营活动，如投资建设项目、偿还银行贷款、补充营运资金等	应符合法律法规和国家政策要求，如投资建设项目、偿还银行贷款、补充营运资金等	应符合法律法规和国家政策要求，如偿还银行贷款、补充营运资金等	应用于符合国家法律法规及政策要求的流动资金需要，不得用于长期投资
信用评级	需评级	需评级	公开发行需双评级，非公开定向发行由发行人与投资者协商确定	发行人与投资者协商确定	企业如已在银行间债券市场披露有效评级则无须重复披露

非金融企业资产支持票据突出“资产支持”，即通过对基础资产产生的现金流实施归集和管理，实现对基础资产产生的现金流的有效控制，为资产支持票据的还本付息提供有力支持。非金融企业资产支持票据在信用债券的基础上，借用资产支持的结构拓宽了企业融资的渠道和品种，具有其他债务融资工具品种不可比拟的优势：一是通过对基础资产现金流监管及必要的基础资产抵质押方式，确保基础资产所产生的现金流优先用于偿还资产支持票据本息，可在一定程度上提高资产支持票据的债项评级；二是票据投资人拥有双重追索权，即基础资产所产生的现金流和发行人均对票据负有偿付义务；产品风险较信用债券更低，可使更多的具有优良基础资产的规模较小、信用等级较低的发行人能通过直接融资的手段解决资金需求问题；三是可以通过分析基础资产的现金流分布，灵活合理安排票据的发行期限和规模结构。

4. 资产支持票据的个性化要求

由于资产支持票据和普通信用债不同，其债务偿还能力的评判更多地依靠基础资产现金流回款。为了让投资者更及时、更全面地了解票据的偿还保障，《非金融企业资产支持票据指引》第九条规定，企业发行资产支持票据应披露以下信息：

（1）资产支持票据的交易结构和基础资产情况；

（2）相关机构出具的现金流评估预测报告；

（3）现金流评估预测偏差可能导致的投资风险；

（4）在资产支持票据存续期内，定期披露基础资产的运营报告。

这些披露信息的要求是在《银行间债券市场非金融企业债务融资工具信息披露规则》之外对资产支持票据业务提出的特定信息披露规定。

第二章　资产支持票据的交易结构

第一节　资产支持票据基础资产的基本要求

尽管资产支持票据是以资产所产生的现金流为基础，但并不是所有能产生现金流的资产都可以用来支持发行资产支持票据。基础资产的选择至少需要符合以下基本要求：

第一，基础资产权属清晰明确，在法律上能够准确、清晰地予以界定，并可构成一项独立的财产或财产权利或财产权利组合，形成基础资产必要的法律要件齐备，原始权益人可根据相关文件合法转让该基础资产；基础资产不得附带抵押、质押、担保或其他权利限制。如已设置其他权利限制，则需重点关注拟采取的解除限制措施的法律效力及生效要件的齐备性。

第二，基础资产需具有预期稳定的、可计量的未来现金流。如果以既有债权作为基础资产，需拥有明确未来现金偿还计划的债权合同及相关法律要件，同时制定措施防止第三方获得该债券资产权属从而影响投资者的合法权益；如果以收益权作为基础资产，需提供未来现金流评估预测报告，并参考该资产近年现金流的历史记录与波动性，证明评估报告的预测结果与真实数据不会出现较大偏离。

第三，基础资产具有较高标准化、高质量的合同条款契约，易于把握还款条件与期限，使证券化资产集合可以有效地组合、打包、分级、定价并预测现金流。

第四，基础资产或者类似资产历史违约率和损失率可计量。

第二节　基础资产类型及主要特征

在欧美各国的实践中，资产证券化的基础资产类型包括应收账款、租赁应收款（办公设备、汽车、飞机）、公用事业和基础设施收费、特许经营权收费、专利权和音像版权等。

就我国目前实际情况来看，可以用来支持资产支持票据发行的基础资产可以分为两类：一类是债权，指原始权益人基于协议享有的对债务人的债权，该债权是单纯的权利，不存在待给付的义务；一类是收益权，指原始权益人基于对基础资产的所有（或占有）、使用而享有的收益权。

既有债券类的基础资产其常见形态为应收款包括 BT 模式应收款、一般企业的应收款等，其主要特征：（1）债券人已经履行完毕所有与收取款项相关的义务；（2）应收款确定可计量；（3）应收款不应有权利限制，已被质押的企业应收款不得作为基础资产；（4）企业应收款的付款方应有良好的信用资质、经营业务和支付记录。

收益权类的基础资产其常见形态为污水处理收费、垃圾处理费收入、城市水费收入、供气收入、城市供热收入、电费收入、高速公路收费收入、桥梁隧道通行收入、地铁收入、港口及机场跑道收费收入等，只要未来能够产生稳定现金流入的收益权类基础资产都可以考虑。其主要特征：（1）收益权产生的现金流应该能够被有效、准确地计量；（2）市政公共收费业务或交通及服务收费业务需要得到相关政策支持；（3）收费权上不得附带权利限制；（4）收益权对应的现金流可以特定化。

基础资产的组成形式可以为单项资产也可采取同质类资产组合的形式，但需要在构成资产的核心要素和未来现金流的预测和计量上满足以下条件：（1）用于组成基础资产的单项资产或资产组合需在现金流结构、到期结构、违约风险以及收益水平等各核心要素方面保持一致或相似；（2）单项或同质性较高资产组合在资产评估和项目运营管理等工作中比较容易操作，同时，评级机构能够对单项或同质类组合资产的风险作出更准确的评估，更好地为投资者提供决策参考；（3）用于组成基础资产的单项资产或资产组合需要能够产生足够的现金收益以满足资产支持票据存续期限内利息及本金支付的需要；（4）单项或同质类资产组合有利于对其未来现金流进行准确地预测和计量，从而获得理想的信用评级和收益定价，更易被投资者接受。

从目前市场上发行的资产支持票据的基础资产选择来看，主要是大型公用基础设施、大型公司应收款等。这些资产在我国都有较大的规模，现金流相对稳定，信用级别较高，所以比较适合支持发行资产支持票据。

从首期发行三单的资产支持票据来看，企业均为地方融资平台类企业或其下属子公司，分别将天然气销售收入、自来水销售收入和高速公路建设应收款等作为基础资产，而资产支持票据的发行也有利于企业盘活资产，拓宽融资渠道，缓解资金需求压力。

第三节　交易结构设计

资产支持票据的交易结构主要分为两种，一种是没有特殊目的载体参与的抵质押结构，另一种是有特殊目的载体参与的破产隔离结构。对于没有特殊目的载体参与的抵质押结构及资金流向参见图 2 - 1，这种交易结构的优点主要是不需要成立 SPV（特殊交易机构），因此机构及法律手续较为简便，能够规避部分监管风险。但是，这种结构面临的一是可能由于当地法律，无法出表的政策风险；二是由于无法出表，无法使投资者对基础资产的经营情况和风险情况作出明确判断。对于有特殊目的载体参与的破产隔离结构资金流向等与图 2 - 1 的区别只在于基础资产的运营管理需要成立 SPV（特殊交易机构），发行人及其关联方不能作为基础资产的运营管理方存在。这种结构的好处在于能够从发行人的资产负债表中隔离出来，但是这种结构由于需要成立 SPV（特殊交易机构），因此，法律手续较为复杂，同时面临的风险主要是发行人的股东以及相关主管部门能否同意发行人的基础资产被剥离出资产负债表。另外，如何监管以及披露 SPV（特殊交易机构）的运营管理也是该种结构要面临的主要风险。

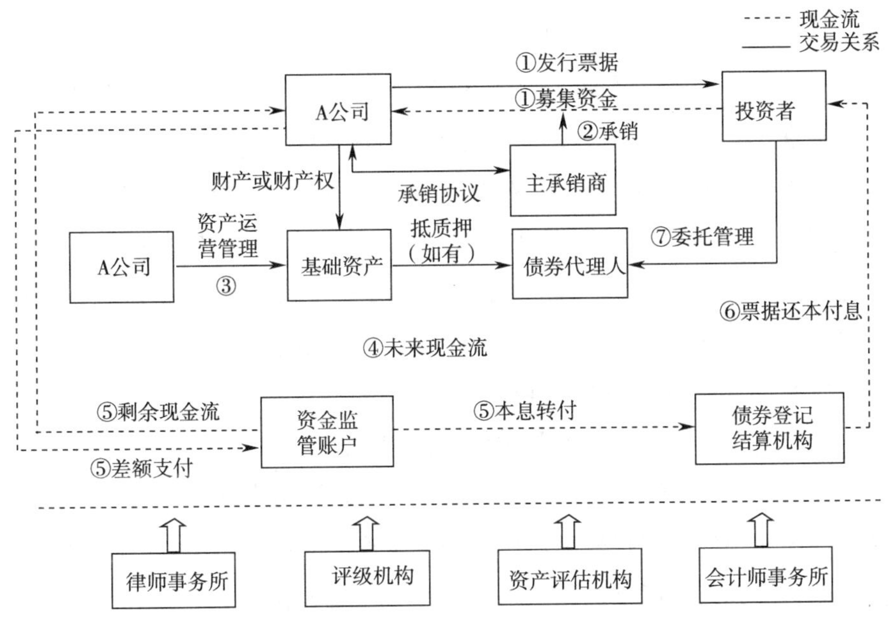

图 2－1　特殊目的载体参与的抵质押结构及资金流向

发起人：即一个公司或者银行，在其正常的生产经营中所累积在其资产负债表中的资产。当发起人需要融资时，一个方法就是将这些资产货币化，并将之卖给另一个以融资作为业务的机构（特殊交易机构 SPV）。这个特殊交易机构（即票据发行人）向投资者发行证券化债券，并通过自己的发行募集资金购买发起人手中的资产。现在特殊交易机构的资产负债表上的已有资产——来自票据发行人的必要资产和以发行的票据形式存在的负债，特殊交易机构只是一个空壳公司，其手中仅持有与票据投资者收益相对应的资产。正是因为这样，它就需要存在一个能管理其资产的公司。为了使得以这些资产为支持所发行的票据取得更高的信用等级，还需要其他的支持，如信用评级、结构性技术处理及相关的法律服务。所有这些措施的目的就是要减少与这些资产和交易相伴生的信用、法律、流动性、利率、货币以及其他各种风险。为了达到降低风险的目的，就需要信用增进机构、流动性供给者以及互换服务机构发挥作用。证券化交易是在给定的框架内进行结构化处理使得资产从票据发行人的资产负债表上合理、合法地剥离出来。一组票据的最高信用等级为 AAA 级。实行信用等级的评级是证券化的一个基本内容，证券化允许那些具有较低信用等级的发行人发行 AAA 票据，即发行人在某一单项业务上可以在融资中获得超越其自身信用等级的信用等级评价。在资产支持票据中的证券化的结构化处理中资产从发起人手中合规、合法的剥离、资产信用和结构的升级，所有这些工作，都是为了达到使资产支持票据（证券化的票据）能获得更高信用等级的目的。

资产支持票据的主要参与主体及其职能：

1. 发起人（资产初始权益人），它具有融资需求并持有在资产支持结构中用作担保以取得较高信用等级的资产，并以获得更好的融资效果为目的。发起人可以是任何一个单位——只要他在其资产负债表上拥有自己的有明确定义的资产，这些资产能够产生可预测和稳定的现金流。这些资产的定义不仅要清晰，而且还可以合法地被发起人向发行人转移。

发行人，实质是一个为证券化目的而特意创造出来的机构，人们称之为“特殊交易机构”或“特殊交易公司”，或者在某些法律、法规管辖下的信托机构。在这里，我们必须强调的是这种机构建立的目的只是针对某项具体融资并进行资产证券化的预期发行工作。它的债权因此只被限定在满足特定发行目的限度内，它是一个经结构化处理，同资产发起人在法律上有职能差异、地位上又完全独立的一个行为法律主体。这个行为主体的职能仅限于票据的发行（它的主要信用提供者是票据持有人）和资产购买（它的主要资产是证券化了的资产或资产池），并不意味着有任何真实的债权或发生其他债务，即对远程破产主体构成实质损害的债权或债务。

2. 基础资产

基础资产是发行人为发行资产支持票据，通过一定方式隔离出并能够产生一定现金流的定义及权属清晰的资产。这类资产可以是某种虚拟资产。目前市场已发行的 ABN 基础资产较典型的案例如下：

（1）城市中心主城区范围内运营公交线路所产生的公共交通票款收益权作为基础资产，在银行间市场非公开定向发行资产支持票据。

具体交易结构如图 2－2 所示：

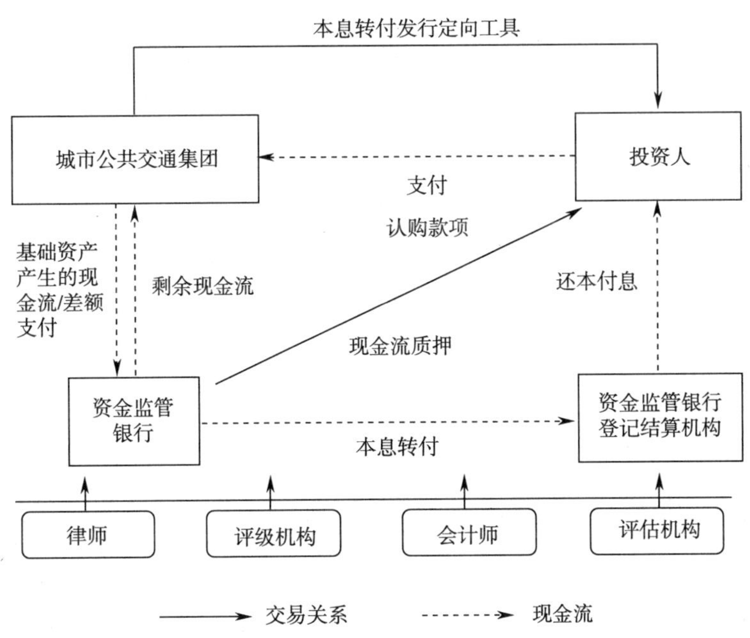

图 2－2　票据收益权支持票据交易结构

（2）发行人因经营天然气设施而获得的天然气收费收益权。

具体交易结构如图 2－3 所示：

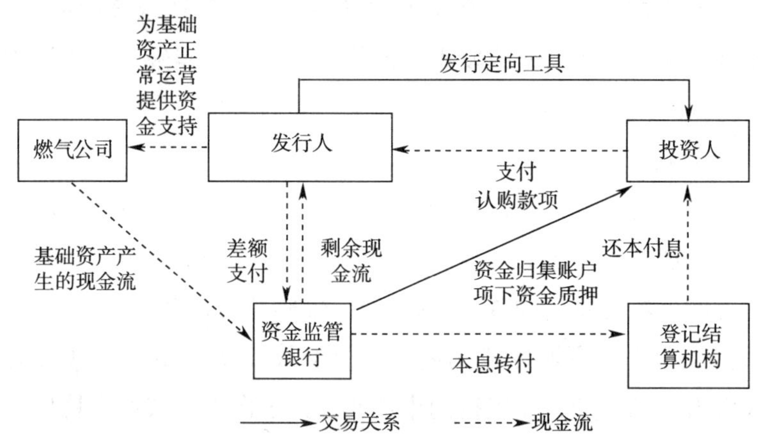

图 2－3　天然气收费收益权支持票据交易结构

（3）以公司下属控股子公司拥有的若干份回购协议及补充协议项下的应收账款作为基础资产，属于应收账款类基础资产。

具体交易结构如图 2－4 所示：

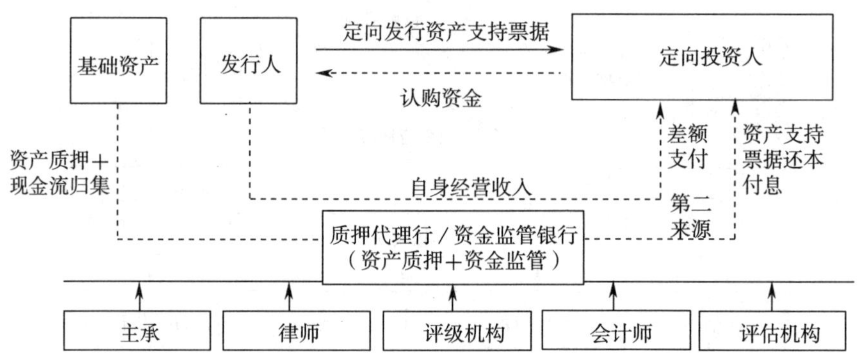

图 2－4　债权类资产支持票据交易结构图

（4）基础资产情况

发行人污水的特许经营权，在当地市场具有垄断地位。将污水处理服务费收益权作为本次发行产品的基础资产。

具体交易结构如图 2－5 所示。

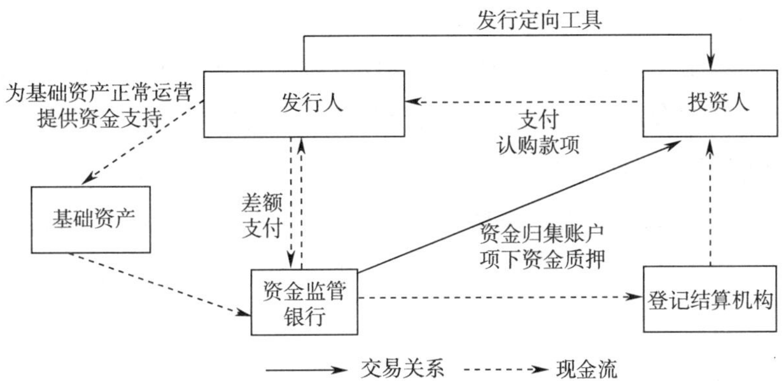

图 2－5　污水处理费收益权资产支持票据交易结构

（5）发行人将高速公路收费权作为基础资产和主要还款来源，用以支持本期资产支持票据持有人的本息偿还。

具体交易结构如图 2－6 所示：

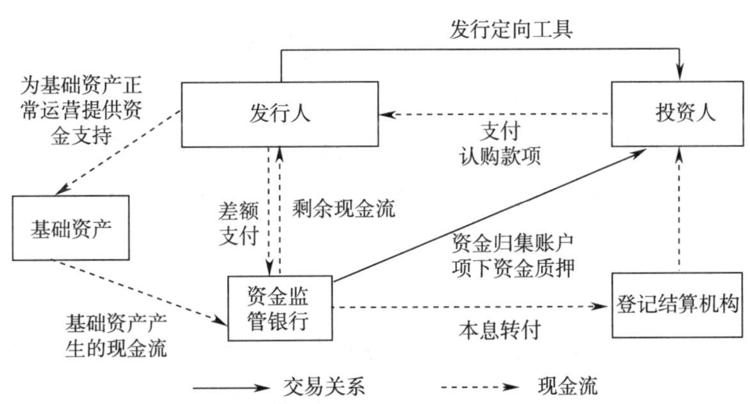

图 2－6　高速公路收费收益权资产支持票据交易结构

3. 债权代理人

债权代理人是由于资产支持票据的投资者众多，与所有投资者就资产支持票据债权的条款等内容完全达成一致，交易成本较高，因此需要一个代表所有投资者与发行人就资产支持票据债权等事项先达成一致，其他投资者遵守债权代理人与发行人签署的相关协议。一般债权代理人由资产支持票据的牵头主承销商担任。

4. 投资者

投资者是指根据自身风险偏好及投资策略自主投资发行人发行的资产支持票据的合格投资机构、法人或个人。目前由于资产支持票据的发行市场为银行间市场，因此投资于资产支持票据的主要是取得银行间市场相关准入资质的合格的金融机构投资者。其他投资者，例如企业法人、事业法人或者个人，可以通过相关协议委托具有银行间市场相关投资资质的机构代为投资。

5. 债券登记结算机构

债券登记结算机构是资产支持票据发行到兑付期间进行相关债券登记、债券交易、交易结算、债券本金及利息兑付的相关服务机构。目前银行间市场发行的资产支持票据的登记结算机构主要为中央国债登记结算公司和上海清算所股份公司。

6. 资产运营管理

资产运营管理是指发行资产支持票据的发行人将基础资产隔离后，委托相关机构对所隔离的资产进行经营管理，这样做的目的是保护资产支持票据投资者权益，避免产生发行人转移资产等造成投资者损失的情况发生。目前由于资产隔离无法做到完全隔离出发行人的财务报表，因此资产运营管理仍为发行人。

7. 资产评估机构

资产评估机构是对发行人发行资产支持票据的基础资产未来能够产生的现金流进行测算和评估的机构。资产评估机构作用在于必须独立地对基础资产未来所能产生的现金流进行评估，因为评估的现金流是发行人发行的资产支持票据最终发行金额的依据，投资者也根据资产评估机构的评估作出投资与否的判断。

8. 会计师事务所

会计师事务所的作用在于对发行人以前的财务数据出具相关报告或者审计报告，这些报告或者审计报告是资产评估机构对未来资产产生的现金流评估的依据之一，因此会计师事务所出具的报告直接影响资产支持票据的发行规模以及投资者权益。

9. 外部信用增级机构

可以是证券发行公司或类似的发行机构，或者，在某种情况下，还可以仅仅是一个用信用证开立的简单储备账户。然而对大多数证券化交易来说，信用增级都是通过内部措施如发行次级债或进行超额担保的方式来解决的。

10. 服务商

可以由外部参与者或类似于发起人这种结构金融结构活动中的参与者来担当。这是分析资产支持票据的一个要点。服务商对资产负有的责任包括：现金流的生成、资产集中、催讨欠款以及违约账户管理等。这种角色非常关键，投资者依靠的就是服务商利用资产生成的现金再支出，这些投资者对资产发起人不再具有债务追索权，因此加入服务商就是发起人，那么，发起人在证券化业务遭受的任何被动变化都会对它的服务商角色产生影响，当然，其含义就是影响该资产支持票据的运行表现和信用等级。证券化过程中的一个业务目标就是要尽量使该资产支持票据的信用评级和资产或资产池与发起人的信用等级脱钩。不过，发起人在证券化交易中作为服务商也始终会面临其自身信用评级的问题。

流动性提供者的定位仅仅在于当资产或资产池生成的现金流与资产支持票据需要现金支出间“错配”情况时，所做的特定的流动性安排。这些时间安排上的错配会因为货币转移延期、债务的经常拖欠以及一些支付过程中发生的技术故障等原因而日渐增加。这里需要牢记的关键点是：流动性提供者仅负责时间错配中的支付行动，不支付由于资产或资产池价值损失造成的现金短缺。

在证券化的过程中，信用评级机构扮演了十分重要的角色。信用评级机构在资产支持票据和抵押支持票据市场中掌握信用增级水平，即根据可期望达到的信用等级水平，信用评级机构的评级可以被投资者当成减少损失的缓冲器。信用评级机构的功能就是决定该缓冲器的尺度，而这个尺度又最终取决于资产或资产池的信用质量和那些票据的预期信用评级。

11. 信用增级

所有类型的证券化交易都有一个共同的特征，即信用增级方法的运用。这一方法等于是为了保护投资者免遭预期损失而设置了一个缓冲器。信用增级的规模或限度取决于在该证券化的整个过程中一系列能对资产或资产池产生负面影响的事件和可能造成的预期损失的程度。

对于一次特定的交易来说，信用增级通常是若干信用增级机制的结合运用和对证券化资产一定特征、证券化担保人的目标以及信用评级机构要求的一个综合反映。

信用增级在正常情况下由信用评级机构确定规模，目的在于为证券化票据取得理想的信用级别。优良资产支持票据通常会被评为最高的信用等级（AAA）。

对资产支持票据的内部或外部信用上调的典型操作过程是将对投资者的结构性保护措施融合到证券化交易之中去。

信用增级以及其他一些机构提升措施在实行时，首先应对能对资产或资产池和证券化债务产生负面影响的大多数不可预测事件作出基本判断和定位。按照相关法律性的保护措施，创造出一种与其他固定收入工具具有本质差别的新票据。

12. 现金流归集与监管

现金流归集是指由贯穿资产支持票据存续时期的资产或资产池生成现金流归集到某一账户。现金流归集一般要求用于资产支持票据发行的资产或资产池产生的现金流定期存入主承销商或者发行人指定机构的账户。现金流监管是指基于对投资者负责，某一特定机构监管现金流归集账户中的资金进行管理。目前现金流归集与监管主要由主承销商或者发行人指定的机构负责。

13. 信用增级的形式

在对一个资产支持票据进行结构处理时，其中最重要的一点就是确定信用增级的适当水平。信用增级的作用就在于为该资产的信用质量建立一个上升的台阶，比如说，使目前信用等级为 AA - 或 A + 的票据达到资产支持票据的理想水平，通常是AAA。信用增级的规模一般被确定在能够吸收资产支持票据存续期中资产或资产池的预期损失，使该损失尽量降低到在一个必需的信用等级下所应保持的最低损失的水准上。信用增级可以用一系列的不同手段来实现。

（1）外部信用增级：由一个外部主体提供

在国外资产支持票据市场发展的早期阶段，外部信用增级方法广为流行。之所以被称为“外部”，原因就在于这种服务的提供者是一个外部主体，例如，由银行出具保函，或一个保险公司、单一担保公司提供保证，或者一个公司给予其他形式的担保等。此外，还有由第三方提供贷款以及向投资者出售次级票据的形式。

然而有一点特别重要，即在外部信用增级的案例中，该票据的信用等级与信用增级者的信用等级有直接联系——不管它是一家提供信用证明的银行或者提供担保票据的保险公司。任何程度信用等级的下降，任何不利的消息，任何来自该信用增级者的信用质量及经营方面的不利变动，都将对该担保票据的表现及信用等级产生直接影响。

（2）内部信用增级：由发起人或该交易结构内部提供

在国外，随着市场的发展，一种新型的信用增级出现了。该信用支持由结构范围内的发起人或通过该交易结构内部存在的机制来提供次级债、超额担保等。

内部信用增级的最一般形式是发行次级债。次级债或信用分组意味着资产产生的现金流对于不同质量等级的票据来说呈现不同层次的分布状况。在次级债案例中，票据的面值与资产的价值相等，这种次级结构就是通常所说的优先/次级结构或优先/夹层/次级结构。在一个简单优先/次级结构中，高等级通常的信用等级为AAA，它首先收获资产或资产池产生的现金流，并将之用于利息和本金支出，与此同时，附属结构中的部分以收获现金流为第二目的，却以吸纳资产价值损失为第一目的，现金流分布的优先部分是顶级票据，与此同时，票据损失的分布则生成于其最下层的等级中。

在超额担保的情况下，资产价值超过了证券的面值。例如资产可以被打折，折旧的水平反映了该资产潜在发生的预期损失水准，从而反映在交易的实质支出水平方面。

内部信用增级的其他形式是对贯穿某一特定时期的资产或资产池生成现金流的特定需要量超过了由“预订因素”决定的在相同时间内票据的债务偿还特定需要量。该“最低需求债务偿还比率”就是所谓的“预定因素”，在某些时段内由资产或资产池产生的收入一定要超过债务服务支出，这样才能在证券化出现某些不利事件时，为控制业务运行和运用超额债务偿付加速票据摊还提供条件。

第三章　资产支持票据的信用评级

资产支持票据的信用评级是对票据本金和预期收益的损失风险的综合判断，即基础资产产生现金流能否足额覆盖票据本金和预期收益，并按交易约定按时转付至票据持有人手中，其本质属于债项评级，有别于传统的企业信用债券，资产支持票据的信用等级是基于基础资产、原始权益人、交易结构、信用增级等众多要素进行分析后作出综合风险评估。换言之，基础资产信用质量和交易流程中各环节的一系列风险控制水平决定了资产支持票据的最终信用等级。

对资产支持票据的信用评级主要关注五部分内容：基础资产、原始权益人、交易结构、现金流、信用增级、法律及会计意见。

资产支持票据的第一偿债来源是基础资产产生的现金流，因此基础资产分析的重点在于评估基础资产所产生的现金流对票据本息的覆盖程度。覆盖程度越高，票据获得的保障程度越高，因而容易获得较高的信用等级。

原始权益人是基础资产的提供者，在资产支持票据实际操作中，原始权益人可以是发行人自身，也可以是发行人的母公司、实际控制人或有关联的其他法人主体。一般来说，在资产支持票据的交易结构中，原始权益人在基础资产完成转让后会继续担任资产服务人的角色，继续负责基础资产的经营管理工作，还可能负责基础资产现金流的归集与划转，原始权益人的信用质量会影响到基础资产持续产生现金流的能力以及资金的安全，因此原始权益人自身的信用质量对资产支持票据的信用等级有很大影响。

交易结构确定了产品的整体框架，包括各档资产支持票据的优先劣后顺序、劣后票据对优先票据提供信用支持的机制、现金流归集机制、内外部信用增级措施、各种风险控制条款等。合理的交易结构能够较有效缓释交易中存在的各种风险，如抵消、混同、流动性、利率风险等，从而起到一定程度的信用增级作用。对交易结构的分析是判断资产支持票据信用水平和进行现金流压力测试的基础。

现金流分析是资产支持票据评级的核心部分，需要根据交易文件约定的交易结构搭建现金流模型，根据目标评级设置相应的压力情景，通过该模型测算压力条件下基础资产于每个既定偿付时点产生的现金流能否满足票据按约定还本付息的要求，对于有分层设计的交易结构，每一分档票据都要进行现金流分析及压力测试，如果在相应的压力条件下，该分档票据仍能按约定获得兑付，那么该票据就能获得相应的信用等级。

除了内部增级手段，资产支持票据还可以采用外部信用增级手段，这些手段包括抵质押资产、第三方担保、现金储备账户等。评级机构会对这些增级方式进行评估，评估增级效力，进而对资产支持票据的最终级别产生决定性作用。

评级机构对于会计和法律意见的关注的原因在于认定交易安排是否实现了真实出售和破产隔离。资产支持票据由于有担保资产池，因此其债项级别一般不低于原始权益人的信用级别，但是票据的最终级别受破产隔离程度的影响，如果原始权益人破产导致担保资产池成为其他债权人的追索对象，则其破产隔离程度很低，债项级别与原始权益人的信用级别相差无几。

鉴于基础资产的多样性和不同交易结构的引入程度，资产支持票据的风险特性可能随之呈现一定的多元化和个体化。信用评级应该遵从资产支持票据风险发生和相应控制措施的逻辑，分析不同类型基础资产信用风险特点和其违约对现金流的影响。

第一节　基础资产分析

基础资产产生的现金流是资产支持票据本金和收益的第一偿还来源，按照基础资产产生现金流的特征，可将基础资产类型分为既有债权类资产和收益权类基础资产。

1. 既有债权类基础资产

既有债权类基础资产是原始权益人基于债权债务协议，在履行完自身主要对应义务后，依法享有的债权。常见的资产形态包括 BT 应收款、企业一般应收账款和租赁债权等。既有债权既可以以单笔债权形式作为基础资产，也可以以多笔债权组成资产池，构成基础资产。

影响既有债权类基础资产现金流的最主要因素是债务人的信用风险。对单笔债权来说，债务人的信用状况和违约后回收率直接决定了基础资产产生现金流的能力。

对于多笔债权构成的资产池，在对每笔债权债务人进行逐一信用分析的基础上，通过对每笔债权的风险暴露乘以相应信用等级的违约率可以简单得出资产池整体的加权平均信用水平，这在一定程度上代表了资产池的信用质量。此外，还要考虑资产池内债权组合的各项相关性因素和集中度。

2. 收益权类基础资产

收益权类的基础资产其常见形态为高速公路收费权、城市水电气供应收费权和其他公共基础设施或交通设施收费权等，其主要特点是未来可预期能够产生稳定现金流入，并且产品供应附带明显的刚性需求和特许经营特征。基础资产的经营收益是证券化产品偿还现金流的根本来源，对基础资产特征的准确分析是资产支持票据评级的基础和核心。基础资产特征分析的重点是可能影响到未来收益现金流的风险因素。

这类基础资产的信用质量实质是在充分考虑各种情境下基础资产运营产生现金流入的预测分析。

（1）行业分析

行业分析包括对国家的行业政策、管制与准入、行业周期、行业及基础资产的成长性、稳定性、发展趋势等的分析，特别是对于基础设施，管制与准入对项目需求量、现金流入及未来偿债能力影响甚大。对基础资产背景进行分析，要了解基础资产实施人的资格、基础资产是否符合产业规划、对应产品/服务的市场前景及行业供需状况、技术、建设条件及规模定位等。对于工业、房地产等行业来说，不仅需对行业本身竞争力影响因素作充分评估，更要关注其相关行业的联动性，行业间替代产品的出现及行业内产品的升级，对其目前市场份额、行业同层次竞争者及潜在竞争者要有一个清楚的了解，以确定其目前市场定位及竞争对象。

（2）基础资产收益性质

收费权或特许经营权的性质、期限以及保障力度，对带有政府经营性质的项目尤其重要，例如现有收费定价制度和体系在未来能否得以保持，特定经济环境中的补偿和制约机制。

（3）基础资产的市场需求

对基础资产市场需求的分析将为判断其未来收益现金流状况提供可靠性依据。首先确定基础资产市场需求范围，结合市场地域经济、产业发展状况以及其他相关因素确定市场需求及可能发生的变化，对基础资产市场需求可能产生影响的因素作出回归分析，以判断各因素与市场需求间相关性。

（4）基础资产的财务结构

财务结构分析要首先分析证券化交易结构中基础资产的“隔离”程度。由于资金投向的多样性，分析财务风险要分析基础资产的财务特征，如会计制度特征、成本核算特点、收入确认原则等。证券化募集资金并不一定满足基础资产全部资金需求，因此须了解基础资产的融资能力、融资渠道、融资特点、融资规模，并纳入基础资产风险结构分析中。对于没有真实隔离的基础资产，其母体的财务结构也应予以关注。

（5）基础资产的维护与建设风险

考察基础资产可能发生的维护与建设风险（新建项目尤其要重点考虑），主要包括使用、维护和建设中面临的技术、人力和地理等方面困难，基础资产可能发生的故障、破损，或建设产生的工期迟滞和质量问题，由此造成的成本超支、收益期变化以及最终对收益现金流的影响。评级机构将着重关注基础资产技术复杂程度，资产运营人技术实力和设备维护水平、建设承包商实力以及固定造价合约、工程延误赔偿金、履约保证书等相关建设合约条款。

（6）基础资产现金流

通过对基础资产历史运营数据的整理，判断经济环境、产业环境、收费变动、成本变动和其他相关市场因素等（在市场需求分析部分确定）在历史运营周期内与基础资产现金流量的相关性，从而推测基础资产未来盈利现金流状况。

3. 示例

（1）公路收费权基础资产信用分析

基础资产分析旨在对基础资产是否能够产生交易结构所需的足额、稳定现金流作出客观的评判。在对收费公路基础资产的分析中，需要考察收费公路的经营主体和收费公路自身的运营状况。

（2）收费公路经营主体的分析

在我国，收费公路经营主体的经营管理能力对收费公路产生现金流的能力影响较大，影响到其业绩的表现；同时，现有的经营主体一般都是未来的资产服务商，为证券化的基础资产提供服务，对未来的现金流影响很大。因此，需要对其进行比较详尽的分析。

总体上说，对收费公路经营主体的分析与普通的企业主体信用评级分析内容基本相同。主要包括企业在同行业中的地位与竞争力、公司治理结构、公司内部的经营管理、公司近几年的财务状况等方面。要回答的问题其实有这样几个：一是其是否具备基本的经营管理能力，能够履行未来的资产管理职责；二是其经营管理能力是否具有可预测性，过去的历史是否代表了基本管理能力，是否可以用于对未来的预测；三是企业本身破产、违约的风险大小，或信用等级，因为这涉及很多交易条款，如是否要有后备服务机构、何时设立后备服务机构、收费收入的管理方式方法等。具体分析内容可参考评级机构的有关评级报告。

（3）收费公路经营分析

这部分关注收费公路的持续经营能力。收费公路主要收入是其通行费收入，此外，政府补贴、工程建设、油品销售、服务区经营也是其重要收入来源。影响收费公路经营的因素较为多样化，包括宏观经济、相关政策、季节因素、其他运输方式分流等。

评级过程中，对收费公路的收入分析至少包含以下几个要素。

① 收费公路的需求分析

对收费公路的需求是决定其整体经营状况的基础因素，主要应考察分析收费公路服务覆盖地域的变化，覆盖区域的经济发达程度与发展活力，具体包括过去3—5年周边地区GDP增长率，人均收入水平变化，人口密度，机动车保有量，当地经济特征对公路运输的依赖程度等，以及上述因素在资产证券化过程中可能出现的发展趋势预测。

② 收费公路竞争地位分析

收费公路在服务覆盖区域内的公路交通网络布局分析，重点关注与收费公路平行以及经过地点重合度较高的公路、铁路、航空等，比较它们的通行能力、收费标准和历史运营记录等，判断收费公路在地区路网中所处竞争地位，并考虑资产证券化期间当地路网建设计划，判断收费公路竞争地位可能发生的变化，以及这种变化对其经营状况可能产生的影响。应该注意，如果当地路网中存在与收费公路直接竞争的免费公路，应重点关注出行者对节省时间和出行成本之间的选择和比较。这些分析的目的都是为了更好地对未来收费公路车流量进行客观的预测。

③ 收费公路特许经营权分析

特许经营权对收费公路资产证券化的影响很大，对现金流及净现金流水平至关重要。评级时应重点关注收费公路获得特许经营权的依据及相关授权文件，考察特许经营权期限及起始时间，现行收费标准及历年来收费标准发生的变化，授权文件中对收费标准发生调整的约定条款，对收费标准的具体实施办法和实际支付方法，以及授权文件中对不可抗力事件、违约终止、经营期延长等特殊条款的约定。

④ 收费公路历史运营数据统计分析

对收费公路过去3—5年（按月）的交通流量、车辆通行结构和通行费收入进行分析。

对收费公路过去3—5年（按月）的成本结构进行分析，如大修费用、日常运营费用、日常维护费用、折旧费用等进行详细的分析。

⑤ 这种分析包括其增长情况、波动情况、主要变化原因等

对历史数据地充分分析和挖掘是对未来收费公路收入、成本预测的重要基础。资产多样化的分析多条收费公路特别是不相关的公路组合，其收入的可预测性和稳定性会明显提高。反之，如果只有一条或少数几条公路，就会存在集中度过高的风险，单一资产的经营不善对整个现金流就会产生很大的影响。

结合上述地域经济发展、竞争地位以及收费标准变化、历史数据、多样化情况等分析，对收费公路未来交通流量的发展趋势以及经营状况做出判断，作为现金流分析的重要依据。

第二节 原始权益人分析

在既定债权基础资产形态下，原始权益人的破产或可预见的破产可能会导致债务人的支付意愿降低，出现更多的拖欠、违约或其他不利情况；原始权益人可能无力提供足够的抵押；为了促进销售，在财务状况恶化时可能实施更宽松的营销政策；资产回收服务的能力恶化，欺诈风险以及回收款被当成破产原始权益人财产的风险可能增加。总之，随着原始权益人财务状况的恶化，一般会出现更高的拖欠、违约损失等现象。

在收益权类基础资产形态下，原始权益人的经营状况对基础资产持续产生现金流入规模起到至关重要的作用。原始权益人通常也是资产管理人，其主体信用等级一般也与资产支持票据交易中重要信用触发条款紧密相连。因此，对于原始权益人的信用等级进行比较系统地分析十分必要。

主体信用等级：

对于原始权益人的主体信用评级，可参考企业主体的评级方法和程序。以下是一般需要关注原始权益人的风险因素。

1. 产业背景：每一个产业都处于一定的宏观经济环境之中，一个国家或地区整体经济发展快慢及其稳定性对不同的产业会造成程度不一的影响。同时，任何企业都处于一定产业环境之中，产业竞争程度的大小、产业政策的变化情况、产业地位的高低都会对产业内的企业的经营稳定性产生较大的影响。

2. 基本素质及竞争能力：原始权益人的基本素质和竞争能力的强弱是判断企业未来经营状况的关键，也是影响其未来经营风险的关键。

3. 经营现状：原始权益人经营业务范围、提供产品的多样化程度、顾客在经济上和地理位置上的多样化、厂房、设备以及需要投入的资金等都对原始权益人未来经营状况产生重大影响。

4. 企业管理：企业管理是决定原始权益人未来经营风险的最重要因素之一，因为一个企业是否具有产生足够现金以偿还债务的能力最终取决于管理层及其管理体系能否最大限度地利用现存资源和市场机遇。同时，企业管理制度及其执行情况也会对企业的整体运营状况和未来发展前景产生较大的影响。

5. 战略：原始权益人的发展计划能够对其经营的稳定性和成长性产生重要影响。有效合理的发展计划可以使其在原有经营的基础上不断壮大成长；而不合理的发展计划不但不能使企业成长，甚至可能威胁到企业目前的经营基础，从而影响到其经营的稳定性。

6. 资产质量：资产质量的分析是判断原始权益人财务风险的起点，

企业资产质量越高，短期支付能力越强，资产的长期运营效果也将越好，未来资本支出的压力也将越小，企业的整体财务风险也会相对较低。

7. 资本结构：资本结构的状况对原始权益人财务风险有着重要影响，债务负担重的企业其偿还债务的压力会比较大，财务风险也会越高；同时债务结构不合理的企业也有可能引发阶段性的财务危机或者导致不必要的资金成本浪费。

8. 盈利能力：盈利能力的强弱是决定原始权益人未来债务偿还能力的基础，一般来说盈利能力强的企业，其承受相同债务压力的情况下，财务风险相对较低，而盈利能力弱的企业财务风险相对较高。

9. 现金流状况：经营性现金流是企业债务偿还的最终来源，盈利能力再强的企业，如果现金流状况较差，都无法对需要偿还的债务形成有效的保障。

10. 偿债能力：偿债能力是量度企业偿还债务和企业财务风险的综合指标，是判断企业财务风险的关键。

由于债务偿还主要发生在未来，对偿债资金来源的判断主要是依靠评级机构的专业判断。一般意义上来讲，从原始权益人的目前状态和历史表现，再结合未来一些特别的重要因素，是可以预测其未来的发展状况和财务状况，但这种预测的主观性仍然较强。因此，从评级方法上来看，大多数评级机构都会以定性分析和定量分析相结合的方法来对企业违约风险的大小进行判断。

总体上来看，主体评级主要是考察原始权益人过去和当前经营管理状况和财务状况，结合宏观产业状况变化趋势和企业发展战略来预测企业未来一段时间内经营风险和财务风险的大小，然后综合判断原始权益人对其债务偿还的能力，并最终确定原始权益人的主体信用级别。

第三节　交易结构分析

资产支持票据的交易结构是通过一系列交易文件确定的，交易文件确定产品的整体框架，合理的交易结构设置能够有效地缓释基础资产、原始权益人和其他参与机构可能发生的信用和操作风险，从而起到一定程度的信用增级作用。对交易结构的分析是判断资产支持票据信用等级和进行现金流压力测试的基础，评级机构对交易结构的分析关注以下几点。

一、优先次级结构

这是一种内部增级方式，整个交易设立多个不同档次的票据，并且各档次票据的受偿顺序不同，次级票据将用来吸收第一损失，通过交易安排实现次级票据为优先级票据提供信用损失保护。评级机构关注各档次资产支持票据在交易结构中所占比重，以及各层级票据受偿顺序，尤其关注在各种不利情况下票据偿付顺序可能发生的改变，以评估次级票据为优先级票据提供的信用增级水平。

二、现金流的归集分配与监管

基础资产产生的现金流通过一系列安排向投资者分配，交易结构决定了现金流的特征。一般情况下，计划管理人应设立专项账户控制现金流流向，结合基础资产产生现金流实际情况，合理安排本金和预期收益的偿还现金流瀑布。现金流在各归集、分配等账户之间的划拨时间、划转流向，以及各环节中现金流可能受到的干扰和带来的风险都是应该重点关注的风险因素。

如果严格遵守资产支持票据的定义，原则上基础资产产生的现金流必须直接划付至票据资金专用监管账户，监管账户资金优先用于偿付资产支持票据当期应付本金与收益；超出当期应分配本息的资金，在满足交易结构其他各项储备账户要求基础上，可按约定分配给原始权益人。在相邻两个支付时点期间，基础资产现金流入应该沉淀于监管账户中，可以约定做无风险高流动性的再投资，但原则上发行人对监管账户内资金完全没有支配权。

如果考虑到资金沉淀成本，可以降低资金的划转频率，但随之会带来资金混同风险，为了降低这一风险，可以考虑将现金划转频率与原始权益人的信用等级挂钩。即约定原始权益人信用等级达到一定级别时，现金流的控制可以适当放松；如果其信用等级下降到一定级别时，应采取措施控制风险。评级机构对于这一指标的设置会特别关注。

三、流动性支持机制

流动性支持主要用于应对在一段时期内，基础资产发生非预期的现金流入下降或暂时终止时，缓释可能由其导致的票据本金和收益偿付风险，评级机构会对资产支持票据的流动性风险和相应控制机制予以关注。部分交易结构中会通过设立流动性储备金账户的方式解决这个问题。根据账户内资金的来源不同，可分为内部流动性支持和外部流动性支持。如果流动性储备金账户中资金由基础资产前期产生留存的，视为内部流动性支持；如果该账户中资金是由第三方信用主体提供的，则视为外部流动性支持，这两种方式可以结合使用。内部流动性支持与外部流动性支持的根本区别在于是否存在基础资产的现金回补机制。评级机构关注流动性储备金账户的设立方式、资金规模、资金来源、设立期限以及资金用途等，对于外部流动性支持还需要根据流动性支持协议判断对流动性风险的覆盖程度。一般来说，资产支持票据的信用等级不会高于流动性支持提供方的信用等级。

四、触发机制

大多数证券化交易都会根据基础资产、重要参与机构以及资产支持票据的具体特点设计一些信用触发机制，通过对一系列的指标和信用事件的约定，当交易出现不利于票据本金和收益偿还的趋势时，通过改变现金流的流向、票据偿还计划和现金流转付频率，甚至改变抵押的基础资产抵押规模等手段抵消或降低不利趋势可能对票据持有人权益的损害程度。

触发机制可以分为两类，一类是针对原始权益人的信用以及财务状况。原始权益人的信用等级降低、资产抵押、财务状况恶化、违约情况以及破产等。第二类是针对基础资产表现设定指标，如拖欠率、违约率、现金流覆盖倍数（当期监管账户现金流沉淀资金规模/当期应付资产支持票据本金收益之和）等。

一旦触发机制启动，交易结构可以进入加速清偿阶段，监管账户中沉淀资金全部用于偿付最优先的票据本金及收益，同时启动抵质押资产处置程序，处置资产的收益将优先用于偿付票据本金及收益的不足部分。也可以启动其他补偿机制，如额外追加抵质押资产或第三方信用支持等。

五、超额抵押

在不引入破产隔离的交易结构中，通过将基础资产抵押给资产支持票据持有人，使资产支持票据的本金和收益享有一定的优先受偿权利。评级机构通过考虑抵押资产产生的现金流对资产支持票据本金和预期收益形成一定的超额覆盖倍数，评估票据获得的保障水平，使票据获得额外的信用支持。需要注意的是，在没有实现破产隔离的交易结构中，当原始权益人破产时，其他债权人对抵押资产仍然享有追索权，资产支持票据的信用等级和原始权益人的信用等级呈现高度正相关，超额抵押对资产支持票据的信用增级水平非常有限。

第四节　现金流分析和压力测试

评级机构一般使用现金流模型测算资产池在不同情境下产生的现金流对交易费用、票据预期收益、票据本金以及其他与交易相关的费用的兑付情况。现金流分析是资产支持票据评级过程中较重要的部分，需要测算基础资产于每个既定偿付时点产生的现金流能否满足票据按约定还本付息的要求，对于有分层设计的交易结构，每一层级票据都要进行现金流分析，以评价信用增级的水平是否能够支持该票据的信用等级。

一、现金流模型

进行资产支持票据的现金流分析时，需要根据每一只资产支持票据特定的交易结构来构建现金流模型，需考虑的因素包括：

- 基础资产产生的现金流流向
- 各层级票据本金收益偿付的顺序、计划
- 各准备金设置
- 加速清偿事件
- 触发机制
- 有关税收和服务费用
- 再投资收益

不同的资产支持票据交易，因其交易结构以及基础资产有所不同，应根据每个交易的实际情况调整相应的假设条件。通过现金流模型测算在正常假设条件下各层级票据的兑付情况。

二、压力测试

压力测试用来测试在各种不利情境下基础资产产生的现金流对票据本金收益的覆盖情况。对资产支持票据进行压力测试的核心是压力因素的选择，常用的压力测试因素有：

- 基础资产违约率
- 基础资产违约时间
- 基础资产的回收率
- 回收时间
- 票据发行成本
- 税收等其他费用

此外，还应结合基础资产本身所包含的特征因素以及外部的司法环境等，在某些情况下，需要调整现金流的压力测试条件以适应特定的资产和特殊的法律环境。

评价资产支持票据的各层级票据时，基础资产产生的现金流对票据到期支付的覆盖情况要经受一系列的压力情景。这些压力情景的苛刻程度取决于预定信用等级和特定交易结构（比如支付顺序），每个压力情境产生一个临界违约率（BDR），压力测试的结果是产生一系列的临界违约率。如果资产池在特定的压力情景下，仍能产生足够的现金流按约定支付各层级票据的本息，这时能承受的最大违约率就是临界违约率。临界违约率和票据目标评级违约率之间的差就是保护倍数。不同信用等级要求的保护倍数有所不同，信用等级越高，要求的保护倍数就越大。如果某层票据的最终保护倍数高于必要的水平，那么该层票据就能获得相应的信用等级。

第五节　信用增级手段分析

除了资产抵押及优先次级结构手段，资产证券化交易还可以采用多种信用增级手段，主要有以下几种：

一、抵质押或资产登记

原始权益人以特定资产或者其他有效资产作为抵押担保或资产登记，以保障产品的本息按照约定如期兑付，在产品的存续期内，抵质押率要维持在一定水平，不得低于某个数值。抵质押物可以来自发起人，也可以由第三方提供。

被用来抵质押的资产需要有较高的质量，处置时间要短，变现能力要强。对抵质押物的估值是个难点。需要有法律文本来限制抵质押品的权属，一旦原始权益人发生违约，票据的持有人和其他债权人是否共享抵质押品，以及抵质押品处置所得的偿付顺序等都需要有严格的界定和说明。

二、第三方担保

由第三方信用实体提供对资产支持票据本金和预期收益的保证担保。在这种情况下，应对保证实体的信用等级和担保合同条款作出分析。一个信用等级明显高于资产支持票据自身信用等级的担保实体，对资产支持票据具有显著的信用提升作用。

三、现金储备账户

资产证券化交易可以设置现金储备账户以应对可能出现的违约情况。现金储备账户中资金可以由发起人提供，或也可以由第三方提供。现金储备账户应受到严格监管，以保证账户内资金不被挪用，且满足最低要求。现金储备账户内资金可以用于投资信用质量极高、流动性极好的资产。账户中的资金总额也根据票据的未偿本金余额以及利息和本金的偿付情况而确定。

第六节　法律及会计意见分析

通过资产抵押，资产支持票据可以获得高于主体信用等级的关键在于破产隔离的实现。法律及会计意见是评级机构认定抵押资产是否实现和原始权益人其他资产破产隔离的关键。

在资产支持票据交易中，如果原始权益人将基础资产出售作为“真实出售”处理，基础资产从原始权益人的资产负债表中剥离出去，实现基础资产与原始权益人其他资产的破产隔离，原始权益人的其他债权人对基础资产未来产生的现金流失去追索权。那么，即使原始权益人出现破产，资产支持票据项下基础资产也不会作为清算对象，基础资产的未来现金流入仍可按照资产支持票据交易结构约定，转付票据持有人；相应地，如果基础资产出现现金流入规模下降，导致票据持有人出现信用损失的，票据持有人也无权向原始权益人进行追索。在此情境下，资产支持票据的信用等级和原始权益人信用等级的相关性极低，通过交易设计，资产支持票据可以获得高于原始权益人的主体信用等级。

反之，如果基础资产出售是作为一种资产负债表内融资处理，不能实现基础资产与原始权益人其他资产的破产隔离，当原始权益人破产时，其他债权人对资产支持票据项下基础资产仍然享有追索权，其产生的现金流入将会作为清算资产一部分，将分配给原始权益人的其他债权人，这时资产支持票据的持有人面临的信用损失将不局限于基础资产本身。同时，如果基础资产出现违约，票据持有人可以通过对原始权益人的追索弥补基础资产损失。在此情境下，基础资产和原始权益人信用等级呈现高度正相关，通过基础资产抵押的增级效果很弱。

如果基础资产是既有债权类资产，可以考虑引入特殊目的信托，实现真实出售和破产隔离，则最终资产支持票据的信用等级可以通过优先次级结构等一系列的设计，实现票据信用等级的大幅提升。这适合自身信用等级较低，但是拥有优质债权资产的原始权益人。如果基础资产是收益权类资产，在基础资产转让和出售时受到法律和相关实际操作的制约，较难实现基础资产与原始权益人之间的破产隔离。因此在结构安排上应重点关注基础资产现金流在产生与归集过程中能否特定化，在财务上能否与原始权益人其他经营性现金流相区分，并制定严格的现金流归集安排和账户设置安排，防止基础资产产生的现金流挪用或混用的风险。在信用评级上，可以考虑将这种资产支持票据视为有优先偿还安排的信用产品，其信用等级很大程度上取决于原始权益人信用等级。

第四章 资产支持票据的会计处理

资产支持票据是企业运用资产证券化技术发行的新型债务融资工具。在该过程中，企业将其拥有的能产生可预见稳定现金流的资产，通过特殊目的载体对风险和现金流进行结构性重组，然后将其转换为可出售、可流通的证券产品。对于企业来说，资产证券化交易中最主要的会计处理，即对作为现金流基础的资产的会计处理。

第一节 资产证券化适用的会计准则

根据我国现行的会计制度，资产证券化涉及的会计准则主要包括中华人民共和国财政部2006年颁布的《企业会计准则第23号——金融资产转移》与《企业会计准则第33号——合并财务报表》。企业会计准则第23号就金融资产转移的终止确认分析和要求与《国际会计准则第39号——金融工具：确认和计量》要求并不存在差异。

财政部于2014年2月颁布了经修订的《企业会计准则第33号——合并财务报表》[①]，自2014年7月1日起施行，并鼓励在境外上市的企业提前执行。修订后的企业会计准则第33号与《国际财务报告准则第10号——合并财务报表》（IFRS 10）实现了趋同。IFRS 10保留了原有准则需要合并被“控制”主体的原则，并增加了具体的实施指南。IFRS 10改进了控制的定义，强调控制构成的三要素为对被投资者的权力、可变回报以及能够行使权力影响的可变回报。

---

① 注：以下提到的企业会计准则第33号均指财政部于2014年2月颁布的修订版。另外，本章节仅涉及以金融资产为现金流基础的资产证券化业务的会计处理。

第二节　资产证券化会计处理原则——终止确认决策树

终止确认分析遵循金融资产终止确认决策树所列式的各步骤。其中关键环节包括：特殊目的载体合并、“过手测试”的应用及风险和报酬的转移测试。

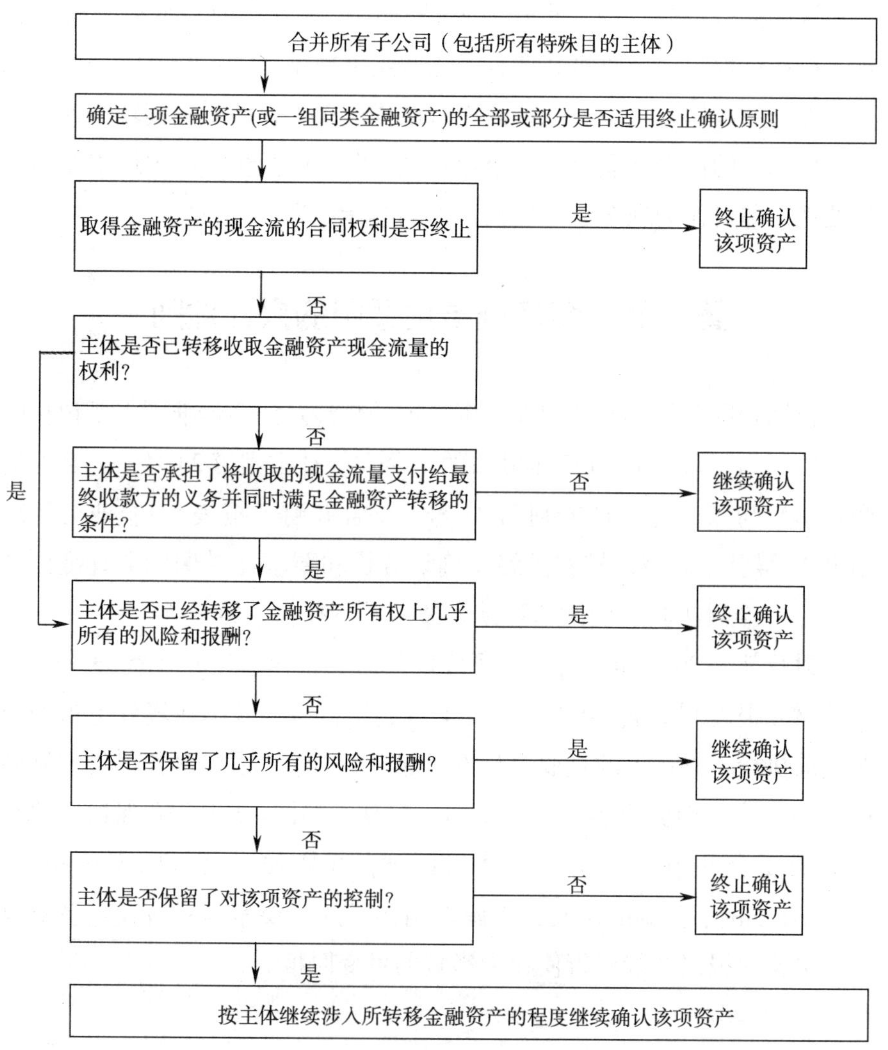

图 4－1　金融资产终止确认决策程序图

第一步：是否应当合并特定目的信托或载体

根据财政部于2014年2月颁布的《企业会计准则第33号——合并财务报表》中的规定：

第七条——合并财务报表的合并范围应当以控制为基础予以确定。控制，是指投资方拥有对被投资方的权力，通过参与被投资方的相关活动而享有可变回报，并且有能力运用对被投资方的权力影响其回报金额。相关活动，是指对被投资方的回报产生重大影响的活动。被投资方的相关活动应当根据具体情况进行判断，通常包括商品或劳务的销售和购买、金融资产的管理、资产的购买和处置、研究与开发活动以及融资活动等。

第九条——投资方享有现时权利使其目前有能力主导被投资方的相关活动，而不论其是否实际行使该权利，都视为投资方拥有对被投资方的权力。

第十四条——投资方持有被投资方半数或以下的表决权，但综合考虑下列事实和情况后，判断投资方持有的表决权足以使其目前有能力主导被投资方相关活动的，视为投资方拥有对被投资方的权力。

（一）投资方持有的表决权相对于其他投资方持有的表决权份额的大小，以及其他投资方持有表决权的分散程度。

（二）投资方和其他投资方持有的被投资方的潜在表决权，如可转换公司债券、可执行认股权证等；

（三）其他合同安排产生的权利；

（四）被投资方以往的表决权行使情况等其他相关事实和情况。

第十五条——当表决权不能对被投资方的回报产生重大影响时，如仅与被投资方的日常行政管理活动有关，并且被投资方的相关活动由合同安排所决定，投资方需要评估这些合同安排，以评价其享有的权利是否足够使其拥有对被投资方的权力。

在实施新合并会计准则后，一般认为，当发起机构自持全部或较多部分次级档时，需要合并该特殊目的实体，对合并的完整分析需要综合各种因素作出最终的判断。

第二步：确定一项金融资产（或一组类似金融资产）的全部或部分是否适用终止确认原则

准则规定，在对金融资产的一部分（或一组类似金融资产的一部分）进行分析判断时，当且仅当该部分满足以下三项条件之一时，按终止确认规则对该部分进行处理：

- 该部分仅包含来自金融资产（或一组类似金融资产）的可明确辨认的现金流量。
- 该部分仅包含来自金融资产（或一组类似金融资产）所产生的现金流量中与之完全成比例的份额。
- 该部分仅包含金融资产（或一组类似金融资产）所产生的可明确辨认的现金流量中与之完全成比例的份额。例如，如果主体签订协议，使交易对方拥有取得金融资产所产生的利息部分现金流量（明确辨认的部分）的90%份额的权利，则终止确认规则适用于这90%部分的利息现金流量。如果有超过一个交易对方，只要出让主体保留了完全成比例的份额，则不要求每个交易对方所拥有的明确辨认的现金流量份额均须成比例。

示例：出售资产的部分时段

主体签订协议，转让从原始期限为10年的固定利率应收贷款收取最后4年产生的100%现金流量（利息和本金）的权利。本金应在第10年一次付清。换言之，主体保留收取最初6年利息现金流的权利。

在这种情况下，很明显主体已经转让了获取最后4年现金流量的权利，而这部分现金流是可明确辨认的现金流（最后4年利息现金流+本金现金流）。因此，根据上述第一个条件，终止确认规则应当适用于这一可辨认的部分。在实务操作中，需要注意如何清晰界定最后4年收取的现金流不是前面6年延期付款的部分，否则也无法真正实现对部分资产进行终止确认的分析。

经步骤2确定了终止确认规则应当适用于整个资产（或一组类似资

产的整体）或已辨认出的符合条件的部分后，决策图的剩余步骤都应当适用于资产的整体或已辨认出的部分，在以下段落简称为“金融资产”。

第三步：确定收取金融资产的现金流的合同权利是否终止

一旦确定了适用终止确认要求的层面（主体本身还是合并层面）以及适用终止确认要求的已辨认资产（单项、一组或部分），主体即可开始评估是否可对资产进行终止确认。步骤 3 考虑的是金融资产的合同权利是否终止。例如合同条款的变更（币种或贷款剩余期限变动等），需要评估该变更是否重大并足以表明原始金融工具（或其中一部分）已终结。对于终结部分应当进行终止确认。

第四步和第五步：确定主体是否已转移资产的现金流或承担将收取的现金流支付给最终收款方的义务

企业会计准则第 23 号——第四条：企业金融资产转移，包括下列两种情形：

1. 企业将收取金融资产现金流量的权利转移给另一方，意味着该项金融资产发生了全部或部分转移。

企业会计准则第 23 号未对“转移获取金融资产现金流量的权利”这一表述进行解释。字面理解是该表述指法律意义上的资产出售或转移获取资产现金流量权利。例如，主体在出售金融资产后（例如依法出售债券）即转移了获取资产现金流量的权利。此时，转入方立即拥有了获取所有未来现金流量的无条件的可行使权利。

2. 将金融资产转移给另一方，但保留收取金融资产现金流量的权利，并承担将收取的现金流量支付给最终收款方的义务。该金融资产转移的情形通常被称作“过手协议”，如果过手协议作为金融资产转移处理，必须同时满足下列三个条件：

（1）从该金融资产收到对等的现金流量时，才有义务将其支付给最终收款方。企业发生短期垫付款，但有权全额收回该垫付款并按照市场利率计收利息的，视同满足本条件。

（2）根据合同约定，不能出售该金融资产或作为担保物，但可以将其作为对最终收款方支付现金流量的保证。

（3）有义务将收取的现金流量及时支付给最终收款方。企业无权将该现金流量进行再投资，但按照合同约定，在相邻两次支付间隔期内将所收到的现金流量进行现金或现金等价物投资的除外。企业按照合同约定进行再投资的，应当将投资收益按照合同约定支付给最终收款方。

在资产证券化中，按照合同约定，将“基础资产”委托给“受托人/特殊目的载体”后，发起人通常还将担任基础资产的服务机构，负责定期将回收款项转入信托/特殊目的载体账户，然后，特殊目的载体将根据相关交易合同的约定对现金流回收款按照约定偿付顺序支付给各级资产支持证券持有者。如果发起人需要合并特殊目的载体，在合并报表层面上，报告主体仍然保留了收取现金流的合同权利，所以不适用企业会计准则第23号第四条第（一）款所规定的情形，而是应按照第四条第（二）款所规定的情形分析是否满足过手测试的要求。

如果未能满足企业会计准则23号第四条第（一）款和第（二）款任一条件，则不构成“金融资产转移”，因而金融资产仍保留在资产负债表上。如果转让符合过手测试要求，则认为转出方发起了一项“金融资产转移”。

下面对过手测试的条件逐一进行分析：

条件一

第一项条件确保转出方不必向转入方转让尚未收到的资金，也就是说，转出方无须垫付最终收款方。这表示转入方必须承担逾期未付风险。然而，如果转出方提供的短期预付款项系发生在由于资产收款日期与向最终收款方付款的日期不同而导致款项不足的期间，这种情况不影响该交易作为转让进行处理，前提是：

1. 短期预付依市场费率进行；

2. 这些预付款及任何应计利息可通过扣减应付最终收款方款项的方式收回，且在源自资产的现金流不足时，仍可全额收回。

上述条件是确保终止确认不会仅仅因为向转入方提供短期现金流而无法实现的必要条件。如果转出方必须以低于市场利率的条件提供短期贷款或提供无息贷款，则情况完全不同，且终止确认不能成立，因为这时款项不能按时支付的风险承担者是转出方，而不是转入方。

条件二

针对转出方出售或抵押金融资产能力的第二个条件强调转出方不得控制与被转让现金流量相关未来经济利益的获取权，并因此不能拥有资产。

条件三

第三个条件确保转出方无法使用其代替转入方收取的现金或从中获益，并且须将其汇出，不得发生“重大拖延”。而且，该条件也帮助确保转出方不拥有资产。出于实际操作的考虑，可忽略的拖延允许发生。“无重大拖延”在准则中并未定义，因此在评估时须运用判断。在一些过手协议中，如对数量很大的应收款项组合进行证券化的交易中（例如信用卡余额，客户通常在每个月的不同日期完成还款），要求主体在收到每个单个信用卡账户的相对小额的还款现金时就将其划转出去基本上是不现实的。因而，为了便于操作，合同协议往往会约定每周、每月或每季将上述款项按批汇出。在这种情况下，考虑到大多数证券化交易是按季度支付利息，在三个月以内汇出款项一般是可以接受的。

第三项条件不但禁止转出方将收款和汇款之间的短期结算期间获得的现金流量用于再投资，还限定为转入方的利益只可将上述现金投资于企业会计准则规定的现金或现金等价物。这意味着转出方不能为了转入方的利益将资金投资于其他高收益的中期投资或利用资金产生更多资产用于证券化。而且，转出方不得保留短期高流动性投资产生的任何利益。所有此等利益（仅限于此）须在产生后立即交付转入方。在实际操作中，这些资金通常存入以转入方为受益人的受托银行账户。

第六步和第七步：风险和报酬的转移

根据转让的条款和条件，主体是否已经转移所有权上几乎所有的风险和报酬经常是一目了然的。如果不是那么明显，则主体需要进行评估。企业会计准则23号第八条：企业在判断是否已将金融资产所有权上几乎所有的风险和报酬转移给了转入方时，应当比较转移前后该金融资产未来现金流量净现值及时间分布的波动使其面临的风险。在计算和比较时使用的折现率应当采用恰当的当前市场利率。净现金流量（包括金额和时点）所有合理的可能变化都应予考虑，且应对发生可能性更大的结果使用更大的权重，也就是说，金额和时点需要按概率进行加权。

在终止确认的这一步骤中考虑的风险和报酬包括利率风险、信用风险、外汇风险、逾期未付风险、提前偿付风险；具体情况须视待终止确认的特定资产而定。例如，对于短期应收账款，需考虑的主要风险可能是信用风险和逾期未付风险，而如果以外币交易，则还可能要考虑外汇风险。对于抵押贷款，须考虑的关键风险可能是利率风险和信用风险，而对于固定利率抵押贷款，则还要考虑提前偿付风险。

实务中，当不能一目了然地判断转出方已经转移了或是保留了几乎所有的风险和报酬时，则要通过建立模型以计算和分析风险和报酬的转移程度。建模和计算过程往往较为复杂且涉及许多专业技术和判断，应当征求专家意见。

第八步：主体是否保留了对该项资产的控制

企业会计准则第23号第九条：企业既没有转移也没有保留金融资产所有权上几乎所有的风险和报酬的（即不属于企业会计准则第23号第七条所指情形），应当分别下列情况处理：

1. 放弃了对该金融资产控制的，应当终止确认该金融资产。

2. 未放弃对该金融资产控制的，应当按照其继续涉入所转移金融资产的程度确认有关金融资产，并相应确认有关负债。

继续涉入所转移金融资产的程度，是指该金融资产价值变动使企业面临的风险水平。

企业会计准则第23号第十条：企业在判断是否已放弃对所转移金

融资产的控制时，应当注重转入方出售该金融资产的实际能力。转入方能够单独将转入的金融资产整体出售给与其不存在关联方关系的第三方，且没有额外条件对此项出售加以限制的，表明企业已放弃对该金融资产的控制。

企业会计准则第23号应用指南第一条第（二）款进一步明确：转入方是否能够将转入的金融资产整体出售给与其不存在关联方关系的第三方，应当关注该金融资产是否存在活跃市场。如果不存在活跃市场，即使合同约定转入方有权处置金融资产，也不表明转入方有“实际能力”。

转入方是否能够单独出售所转入的金融资产且没有额外条件对此销售加以限制（是否可以自由地处置所转入金融资产），主要关注是否存在与出售密切相关的约束性条款。

企业会计准则第23号第十一条第（三）款：在采用保留次级权益或提供信用担保等进行信用增级的金融资产转移中，转出方只保留了所转移金融资产所有权上的部分（非几乎所有）风险和报酬且能控制所转移金融资产的，应当按照其继续涉入所转移金融资产的程度继续确认相关资产和负债。

在这里讨论的控制权其含义与《企业会计准则第33号》中所指的“通过参与被投资方的相关活动而享有可变回报，并且有能力运用对被投资方的权力影响其回报金额”的定义不尽相同。这里是考察转入方处置资产的权利，而不是着眼于转出方。这是一个不同的控制权概念，旨在确定转出方是否继续承担特定资产，即转让标的的现金流量变动风险，而不是类似通过衍生工具承担一般意义上的风险敞口。因此，如果转入方具有出售被转让资产的实际能力，则转入方拥有资产的控制权，即意味着主体丧失控制权。另外，如果转入方没有出售被转让资产的实际能力，则主体保留了被转让资产的控制权。

控制权概念的关注重点是转入方实际上能够做什么。因此，在这种情况下，活跃市场的存在十分重要。只要转入方有这样做的实际能力，转入方在实际操作中即使出售被转让资产的可能性非常低也跟控制的判断没有关系。相反，如果没有市场，则转入方就不能保证在没有附带回购权的情况下出售资产后能够履行将资产归还转出方的义务。因此在这种情况下，即使转入方拥有处置被转让资产的合同权利，但如果被转让资产没有市场，该权利也就几乎没有实际效果。

此外，转入方应能同时具有在不受其他任何一方行为限制，且无须附加任何额外限制条件或“约束”的基础上实施转让资产的能力。如果转出方向转入方施加有关为贷款资产提供服务的义务，则转入方在向第三方进行转让时需要附加类似限定条件。这种“额外限制”或“约束”阻碍资产的自由转让，使交易无法通过出售资产的“实际能力”测试。

第九步：按主体的继续涉入程度继续确认该项资产

如果主体既未转移也未保留所有权上几乎所有的风险和报酬，并且控制权尚未转让至转入方，则适用继续涉入法。根据继续涉入法，主体继续确认部分资产。这一部分反映的是主体继续承受金融资产风险和从金融资产取得报酬的程度。也就是说，继续涉入既包括承受来自资产现金流量的风险的义务（例如，提供担保时），又包括从现金流量获取收益的权利。在这些情况下，主体在对原始资产的一部分进行确认的同时，还须相应确认一项负债。

第三节　终止确认会计准则在实务中的应用

一、终止确认要点

企业会计准则第23号对金融资产终止确认所规定的要点包括：

- 在哪个报告主体上进行终止确认分析
- “过手测试”的应用
- 风险和报酬的转移测试

二、在哪个报告主体上进行终止确认分析

在进行金融资产终止确认分析之前，应根据企业会计准则第 33 号，确定转出方是否合并资产证券化特殊目的载体。

在大部分资产证券化实务中，转出方（通常也是发起人）应合并特殊目的载体。因而，在转出方合并财务报表层面，转入方为所有持有资产支持证券的外部投资者；而在转出方单独报表层面，转入方为特殊目的载体。

三、过手测试的应用

在转出方合并特殊目的载体的情况下，如果转出方将所转让金融资产"真实"出售给特殊目的载体，即符合"将收取金融资产现金流量的权利转移给另一方"（企业会计准则第 23 号第四条第（一）款），从而构成一项金融资产转移，那么在转出方的单独报表上，无须进行"过手测试"；在转出方的合并财务报表上，由于转入方为所有持有资产支持证券的外部投资者，而特殊目的载体拥有收取所转让金融资产现金流量的权利，所以应根据企业会计准则第 23 号第四条第（二）款的规定，执行"过手测试"，以判断是否构成一项金融资产转移。

在执行"过手测试"时，以下一些实务问题值得重点关注。

预提流动性储备

在一项资产证券化交易中，特殊目的载体按要求须维持流动性储备，用以确保在收取原始资产款项发生延误时能够向最终收款方进行及时付款。转出方在设立该特殊目的载体时已经通过向其提供现金或其他资产预留了该项储备。如经动用，该项储备只能通过提留被转让资产产生的未来现金流的方式收回。

因为设立了预提的流动性储备，转出方有义务向最终收款方支付并未从原始资产收取的款项。该交易不符合过手测试第一条要求（企业会计准则第 23 号第四条第（二）款第 1 点），因为所支付的款项并非

规则允许的具有全额回收权的短期预付款，这些款项有可能在一段时间内无法回收，且如果出现原始资产产生的现金流量不足的情况也没有回收权。

另外，若考虑以下情况：特殊目的载体的流动性储备并非由转出方预提或承诺提供，而是来自被转让资产的现金流量中超出须向持票人或其他最终收款方支付金额的“超额”部分。合同规定了哪些现金流可被视为“超额”现金流。当特殊目的载体发行的资产支持证券在安排结束时被完全偿付后，储备金余额归属于转出方。这种交易可以符合过手要求。这是因为，转出方未向最终收款方支付从原始资产取得的现金流以外的金额，因为储备资金完全来自被转让资产的现金流。因此，过手测试的要求可以满足。另外，因为在储备金中保留的属于转出方的任何金额并非“代表最终收款方收取的金额”，因此不受国际会计准则第39号第19（c）段的“重大拖延”要求的限制。设立储备金的目的是确保在应当向最终收款方支付款项时，现金能够及时交付至最终收款方而不发生重大拖延。

四、次级留存权益和信用担保

主体可以通过将其在被转让资产中保留的部分或全部权益进行次级处理的方式，向转入方提供增信。或者，主体还可通过无限额或限定额度信用担保的形式向转入方提供增信。虽然这些增信技术手段通常运用于证券化交易中，但也可以在其他形式的金融资产转让中采用。

如果提供信用担保，则交易将不能通过过手测试，因此这样的交易将无法终止确认被转让资产。这是因为转出方在担保项下支付的任何款项并非来自原始资产的现金流，因此信用担保的存在使交易无法满足过手测试规定的条件。然而，保留被转让资产的次级权益本身并不会导致交易无法通过过手测试，因为保留次级权益不要求主体支付从被转让资产收取的现金以外的任何款项。但是，保留次级权益可能会导致转出方保留资产的一些风险和报酬。

在一些证券化结构中，主体可以以享受“超额利差”权利的形式在被转让资产中保留权益。超额利差一般指在向资产支持证券持有人支付利息和本金以及支付特殊目的载体产生的费用后，留存于特殊目的载体的现金。同样，在合并特殊目的载体的情况下，保留这种权益不会导致交易无法通过过手测试，但可能会造成转出方至少保留资产的一些风险和报酬。

如果主体已转让了资产的合同权利，或承担了向他方支付现金流的义务并通过过手测试，但仍然保留了被转让资产所有权上几乎所有的风险和报酬，则资产应继续以整体进行确认。然而，如果主体保留了所有权上的一部分但并非几乎所有的风险和报酬，并且保留了控制权，则主体以根据次级协议或信用担保协议需要支付的现金或其他资产为限，不能实现终止确认。

示例：原始资产（卖方与合并特殊目的载体之间的合同）

主体A（转出方）向某个合并特殊目的载体（SPE）出售资产（例如贷款）。SPE向投资者发行以这些资产为保证的票据。之后，主体A与SPE签订衍生工具（例如利率互换）和担保协议，以减少持票人在这些资产上面临的部分风险。持票人从转出方获得的与衍生工具和担保有关的现金流量不被视为原始资产产生的现金流量。因此，该协议不符合过手测试的要求。

如果为减少有关贷款的风险，主体A先与第三方签订衍生工具或担保协议，那么情况会有所不同。主体A之后将贷款和相关的第三方合同转让给由其合并的SPE。SPE再向投资者发行以这些资产为保证的票据。在这种情况下，如果认为原始资产可以理解为涵盖在同一交易中随贷款/应收款项一起转让的所有分担和减少贷款部分风险的相关合同，包括保险合同、担保和衍生工具（例如购入期权和互换），因为这些都是将向最终收款方支付的现金流量。根据这种观点，相关合同同样可以满足以过手测试的要求。而且在进行风险与报酬分析时，应严格按照所选的界定原始资产的政策对被转让资产的净现金流量加以确定。

五、风险和报酬的转移测试

虽然企业会计准则第23号对分析金融资产终止确认规定有9个步骤，终止确认的程度（如果能够实现），取决于与被转让资产所有权有关的风险和报酬的转移程度。在实践中遇到的普遍问题包括以下：

- 风险和报酬的定义——现金流变动的相对值而不是绝对值。
- 转移了所有权上几乎所有的风险和报酬，则会实现金融资产的终止确认。如果保留几乎所有的风险和报酬，将导致完全不能终止确认。介于二者之间的，且转出方保留了对所转让资产的控制的，按继续涉入处理。
- 出售所有或者部分次级档会增加风险和报酬的转移程度。

第四节　资产证券化各种情形下具体会计处理

当主体将金融资产转让给另一个主体时，企业会计准则第23号第七条和第九条根据风险和报酬的转移程度，列出了三种可能情形下，各自的会计处理：

第七条：企业已将金融资产所有权上几乎所有的风险和报酬转移给转入方的，应当终止确认该金融资产；保留了金融资产所有权上几乎所有的风险和报酬的，不应当终止确认该金融资产。

第九条：企业既没有转移也没有保留金融资产所有权上几乎所有的风险和报酬的（即不属于《企业会计准则第23号》第七条所指情形），应当分别下列情况处理：

- 放弃了对该金融资产控制的，应当终止确认该金融资产。
- 未放弃对该金融资产控制的，应当按照其继续涉入所转移金融资产的程度确认有关金融资产，并相应确认有关负债。

继续涉入所转移金融资产的程度，是指该金融资产价值变动使企业面临的风险水平。

此外，企业会计准则第23号第十一条第三款特别说明：在采用保留次级权益或提供信用担保等进行信用增级的金融资产转移中，转出方只保留了所转移金融资产所有权上的部分（非几乎所有）风险和报酬且能控制所转移金融资产的，应当按照其继续涉入所转移金融资产的程度确认相关资产和负债。

表4－1　　资产证券化金融资产的会计处理

会计处理类型	原　　由	对被转让金融资产的处理
完全终止确认	• 转出方已将金融资产所有权上几乎所有的风险和报酬转移给转入方的，应当终止确认该金融资产，并将该金融资产的账面价值与因转让而收到的对价之间的差额，确认为损益	全部出表
完全不能终止确认	• 转出方保留了金融资产所有权上几乎所有的风险和报酬时，不应当终止确认该金融资产；转让该信贷资产收到的对价，应当确认为一项金融负债	不能出表
继续涉入	• 转出方既没有保留也没有转移金融资产所有权上几乎所有的风险和报酬时，且保留了对该金融资产的控制时，按照继续涉入所转让资产的程度确认有关资产和负债	部分出表（终止确认被转让的资产但同时应按照继续涉入所转让资产的程度确认有关资产和负债）

一、符合终止确认条件的转让及其会计处理

如果主体确定某项金融资产的转让符合转让条件，并且因以下理由符合终止确认条件：

- 主体已经转移了资产所有权上几乎所有的风险和报酬；或
- 主体既未转移也未保留资产所有权上几乎所有的风险和报酬，并且不再保留对该项资产的控制

则所转让资产全部被终止确认，并且任何新取得的金融资产、新承担的金融负债以及任何服务义务按其公允价值予以确认。

金融资产全部被终止确认时，其账面价值同以下项目合计金额之间的差额：

- 收取的对价（包括任何新取得的资产减去任何新承担的负债）；以及
- 已在其他综合收益中确认的累计利得或损失；

计入损益。

二、不符合终止确认条件的转让及其会计处理

如果某项转让不会导致所转让资产被终止确认，则主体继续确认全部所转让资产，并且将收到的对价确认为一项金融负债。该资产及其相关负债不能相互抵消。在后续期间，主体确认任何由所转让资产产生的收益以及任何由金融负债产生的费用。同样，主体不能抵消收益和费用。这样的处理反映了交易的实质，即确认为一项抵押借款。

三、继续涉入所转让资产及其会计处理

根据此前讨论的终止确认判断标准，当主体转移了一些重大风险和报酬，同时保留了其他的风险和报酬，且因主体保留了对所转让资产的控制而未能达到终止确认，主体将按其继续涉入程度继续确认该资产。

主体可能通过赔偿所转让资产违约损失的方式提供担保，这阻碍了所转让资产被终止确认，同时形成某种程度的继续涉入。假设所转让资产此前是以摊余成本计量的，则主体继续涉入所转让资产的程度，即主体继续承担所转让资产和相关负债价值变化风险的程度，按以下方式计量。

转让日继续涉入资产按下面两项金额的孰低计量：

- 所转让资产的账面价值；

- 主体可能被要求偿还的所收取转让对价的最高金额（“担保金额”）。

后续期间，担保的初始公允价值按时间比例为基础逐期摊入损益，而继续涉入资产根据发生减值损失的情况扣减其账面价值。如果期后担保被要求执行，则清偿成本将减少相关负债余额。如果担保未被要求执行并且主体不再承担所转让资产价值变化的风险，即担保已失效且未行权，则资产和负债将同时减少。

四、示例——通过持有次级权益继续涉入所转让单项金融资产的一部分

主体 A 实施一项证券化交易，转让金额为 C1，000 的一组应收款项，但保留其中金额为 C100 的次级权益。

证券化协议的条款表明，该交易应采用继续涉入法（即要求买方承担重大风险和报酬）进行会计处理。

在继续涉入法下，卖方通常确认一项资产 C200 和一项负债 C100。这就提供了可预期的净资产 C100，因为它代表了留存次级权益 C100。参照国际会计准则第 39 号 AG 第 52 段分析，该交易包括：

- 保留一项占所转让资产 10% 的非次级权益；以及
- 该权益被次级化，即等同于卖方提供一项信用担保。

上述两项组成部分导致继续涉入，且都需要进行会计计量。第一项组成部分（保留 10% 非次级权益）产生继续涉入资产 C100。另外，第二项组成部分（该权益被次级化，即等同于卖方提供对首个 C100 损失的担保）也产生继续涉入资产 C100，以及负债 C100（主体可能由于失去因第一项组成部分而确认的资产 C100 而必须支付的最高金额）。因此，卖方将确认一项总额为 C200 的继续涉入资产和一项金额为 C100 的负债。

按上述方式计量金融资产可能不是基于计量金融资产的一般规则，但对于确保会计处理能正确反映转出方对资产的继续涉入十分必要。

第五章　资产支持票据现金流评估预测

基础资产评估报告，又称资产支持票据现金流评估报告，是专业资产评估机构出具的对基础资产未来可能形成的现金流的一个预测报告。

评估机构应当本着科学、独立、客观的原则进行评估，评估报告内容应包括但不限于：评估目的、评估范围和评估对象、价值类型及其定义、评估基准日、评估依据、评估方法、评估程序实施过程和情况、评估结论。

第一节　基础资产评估预测的简介

一、现金流评估报告的作用

资产支持票据现金流评估报告，是专业资产评估机构作为独立公正第三方对基础资产现金流进行客观评估预测，并向资产支持票据相关各方出具的基础资产未来可能形成的现金流评估预测报告。现金流评估预测报告提供的相关预测参考意见，帮助资产支持票据发行人、基础资产原始权益人及相关各方，直观认识到基础资产未来可能产生现金流的能力，便于作出相关决策。

二、资产评估机构及评估师的立场及工作原则

资产评估机构和资产评估师在执业过程中，应遵循相关法律法规和资产评估准则，恪守独立、客观和公正的原则，出具现金流评估预测专

业意见，并对评估结论合理性承担相应的法律责任。

1. 独立性原则

资产评估机构本身应该是一个独立的、不依附于他人的社会公正性组织（法人），并在利益及利害关系上与资产评估业务各当事方没有任何关系。评估机构及其评估人员在执业过程中应始终坚持独立的第三者地位，执业过程不得受委托人及外界的意图、压力影响，进行独立公正的评估。

2. 客观公正性原则

客观公正原则要求评估预测工作实事求是，尊重客观实际。执业过程必须以实际材料为基础，以确凿的事实和事物发展内在规律为依据，以求实态度为指针，实事求是地得出评估预测结果。评估预测结论是评估人员认真调查研究，通过合乎逻辑的分析、推理得出的，具有客观公正性的结论。

3. 科学性原则

科学性原则要求评估机构及评估人员必须遵循科学的评估标准，以科学的态度制订评估方案，并采用科学的评估方法进行评估预测。整个评估工作必须把主观评价与客观测算、静态分析与动态分析、定性分析与定量分析有机结合，使得评估预测结论科学合理，真实可信。

第二节　现金流评估预测报告的内容及要素

根据《资产评估准则——评估报告》（中评协〔2007〕189 号关于印发《资产评估准则——评估报告》等 7 项资产评估准则的通知、中评协〔2011〕230 号中国资产评估协会关于修改评估报告等准则中有关签章条款的通知）准则的相关规定，评估报告应当包括标题及文号、声明、摘要、正文、附件等内容。

一、标题及文号

评估报告标题应当简明清晰，一般采用“企业名称 + 经济行为关键词＋评估对象＋评估报告”的形式。评估报告文号包括，评估机构特征字、种类特征字、年份、报告序号。

例：××××有限公司拟发行资产支持票据涉及的××××回购权（收益权）价值评估报告

二、声明

注册资产评估师应当声明遵循法律法规，恪守资产评估准则，并对评估结论合理性承担相应的法律责任。评估报告声明应当提醒评估报告使用者关注评估报告特别事项和使用限制等内容。评估报告声明应当置于评估报告摘要之前。

三、摘要

注册资产评估师应当在评估报告正文的基础上编制评估报告摘要。评估报告摘要应当简明扼要地反映经济行为、评估目的、评估对象、评估范围、价值类型、评估基准日、评估方法、评估结论及其使用有效期、对评估结论产生影响的特别事项等关键内容。评估报告摘要应当采用下述文字提醒评估报告使用者阅读全文：“以上内容摘自评估报告正文，欲了解本评估项目的详细情况和合理理解评估结论，应当阅读评估报告正文。评估报告摘要应当置于评估报告正文之前。”

四、正文

评估报告正文应当包括以下要素：

1. 委托方、产权持有者和委托方以外的其他评估报告使用者

评估报告的使用者应包括委托方、业务约定书约定的其他评估报告使用者和国家法律、法规规定的评估报告使用者。

现金流评估报告的委托方、产权持有者和委托方以外的其他评估报告使用者一般是资产支持票据相关各方，包括发行人、基础资产原始权益人等。

2. 评估目的

评估报告载明的评估目的应当唯一，并根据委托方提供的相应经济行为文件表述应当明确、清晰。

评估目的应写明本次资产评估是为了满足委托方的何种需要，及其所对应的经济行为类型，并简要准确地说明该经济行为是否经过批准。若已获批准，应将批准文件的名称、批准单位、批准日期及文号写出。

例：根据资产评估业务约定书和××××公司股东会（董事会）决议（或上级机构批复等经济行为文件），本评估报告的评估目的是为××××有限公司拟发行资产支持票据所涉及的××××回购权（收益权）在评估基准日所体现的市场价值提供价值参考依据。

本评估报告所涉及的经济行为已经××××有限公司股东（董事）会（或上级出资机构）批准。

3. 评估对象和评估范围

评估报告中应当载明评估对象和评估范围，并具体描述评估对象的基本情况，通常包括法律权属状况、经济状况和物理状况等。

这部分应写明纳入评估范围的资产及其类型，并列出评估前的账面金额。评估资产为多家占有，应说明各自的份额及对应资产类型。

4. 价值类型及其定义

评估报告应当明确价值类型及其定义，并说明选取价值类型的理由。

以资产评估时所依据的市场条件、被评估资产的使用状态以及评估结论的适用范围划分资产评估结果的价值类型，具体包括市场价值和市场价值以外的价值两大类。

现金流评估预测报告一般应选取市场价值作为报告价值类型。市场价值是指自愿买方和自愿卖方在各自理性行事且未受任何强迫的情况下，评估对象在评估基准日进行正常公平交易的价值估计数额。

5. 评估基准日

评估报告应当载明评估基准日，并与业务约定书约定的基准日保持一致。评估报告应当说明选取评估基准日时重点考虑的因素。

这部分应写明评估基准日的具体日期，确定评估基准日的理由和成立条件，揭示确定基准日对评估结果的影响程度。评估基准日应根据经济行为的性质由委托方确定，并尽可能与评估目的实现日接近。

评估基准日应尽量选取基础资产现金流预测期的起始日。

6. 评估依据

评估报告应当说明评估遵循的法律依据、准则依据、权属依据及取价依据等。

7. 评估方法

评估报告应当说明所选取的评估方法及其理由。

目前，基础资产现金流评估预测报告，基本都采用了资产评估方法中的收益现值法。所谓收益现值法，即是通过估算被评估资产的未来预期收益并折算为现值，借以确定被评估资产价值的一种方法。

收益现值法评估公式如下：

$$P = \sum_{t=1}^{n} \frac{R_t}{(1+r)^t}$$

其中：P—评估值（折现值）；

r—所选取的折现率；

n—设定期限（收益期）；设定期限应根据基础资产定义的未来收益期限选定，例如BT债权合同设定的回购期限，收益权类基础资产定义的若干年收费权。

R_t—未来第t个收益期的预期现金流入；

关联基础资产现金流评估预测，即是通过预测基础资产在未来期间产生的收益，从而确定其现金流量，并进一步得到评估基准日基础资产的内在价值。

资产评估执业人员对资产支持票据涉及的基础资产现金流进行评估预测时，应在知晓并掌握资产支持票据涉及的基础资产现金流含义及其表现形式的前提下，继而对委估的基础资产现金流进行评估预测。

8. 评估程序实施过程和情况

评估报告应当说明评估程序实施过程中现场调查、资料收集与分析、评定估算等主要内容。

这部分应反映评估机构自接受评估项目委托起至提交评估报告的全过程。包括接受委托过程中确定评估目的、对象及范围，基准日和拟定评估方案的过程；资产清查中指导资产占有方清查、搜集准备资料、检查与验证过程；评估估算中的现场检测与鉴定、评估方法选择、市场调查与分析过程；评估汇总中的结果汇总、评估结论分析、撰写报告与说明、内部复核过程，以及提交评估报告等过程。

9. 评估假设

评估报告应当披露评估假设及其对评估结论的影响。

具体评估预测是建立在一系列假设前提基础上的，科学合理地设定预测前提条件是必需的，这些前提假设条件包括但不限于以下列举的条件，以下仅是其中一些主要的前提假设条件：

（1）基础资产必须符合法律法规的规定、符合国家相关政策；

（2）基础资产必须权属明确，并能够产生未来可预测的现金流，其作为基础资产不得附带抵押、质押等担保负担或其他权利限制；

（3）作为基础资产原始权益人，需有良好的持续经营能力，且其在可预见的未来不会发生影响其持续经营的情况；

（4）与产生基础资产现金流有关的合同、协议及文件合法并得到有效执行。

10. 评估结论

注册资产评估师应当在评估报告中以文字和数字形式清晰说明评估结论。这部分是报告正文的重要部分，应使用表述性文字完整地叙述评估机构对评估结果发表的结论。

通过对基础资产未来产生的现金流的预测，得出预测期内每个阶段基础资产产生的现金流量，进而得出基础资产产生的现金流量总额，为基础资产相关各方提供参考；同时按照资产评估准则的要求，在此基础上，考虑货币时间价值及风险报酬等因素，将前述的现金流量折算为基准日的收益权权益价值。

11. 特别事项说明

一般特别事项说明通常包括下列内容：

（1）重大产权瑕疵；

（2）未决事项、法律纠纷等不确定因素；

（3）重大期后事项；

（4）在不违背资产评估准则基本要求的情况下，采用的不同于资产评估准则规定的程序和方法。注册资产评估师应当说明特别事项可能对评估结论产生的影响，并重点提示评估报告使用者予以关注。

但鉴于基础资产的定义，其是符合法律法规规定，权属明确，能够产生可预测现金流的财产、财产权利或财产权利组合。基础资产不得附带抵押、质押等担保负担或其他权利限制。此处一般不应涉及重大产权瑕疵、未决事项、法律纠纷等不确定因素事项。

12. 评估报告使用限制说明

评估报告的使用限制说明通常包括下列内容：

（1）评估报告只能用于评估报告载明的评估目的和用途；

（2）评估报告只能由评估报告载明的评估报告使用者使用；

（3）未征得出具评估报告的评估机构同意，评估报告的内容不得被摘抄、引用或披露于公开媒体，法律、法规规定以及相关当事方另有约定的除外；

（4）评估报告的使用有效期；

（5）因评估程序受限造成的评估报告的使用限制。

13. 评估报告日

评估报告载明的评估报告日通常为注册资产评估师形成最终专业意见的日期。

14. 注册资产评估师签字盖章，评估机构或者经授权的分支机构加盖公章，法定代表人或者其授权代表签字，合伙人签字。

五、评估报告附件

1. 评估对象所涉及的主要权属证明资料

这部分应该是基础资产原始权益人提供的基础资产相关权属证明，包括合同、协议、批文等。

2. 委托方和相关当事方的承诺函

由评估报告委托方及产权持有人提供的关于资产评估的承诺函。

3. 评估机构及签字注册资产评估师资质、资格证明文件

4. 评估对象涉及的资产清单或资产汇总表

第三节　基础资产现金流评估预测的程序

一、现金流预测评估程序

注册资产评估师通常执行下列基本评估程序：

1. 明确评估业务基本事项

注册资产评估师应当与委托方明确下列评估业务基本事项：

（1）委托方、产权持有者和委托方以外的其他评估报告使用者；

（2）评估目的；

（3）评估对象和评估范围；

（4）价值类型；

（5）评估基准日；

（6）评估报告使用限制；

（7）评估报告提交时间及方式；

（8）评估服务费总额、支付时间和方式；

（9）委托方与注册资产评估师工作配合和协助等其他需要明确的重要事项。

2. 签订业务约定书

评估机构在决定承接评估业务后，应当与委托方签订业务约定书。

评估目的、评估对象、评估基准日发生变化，或者评估范围发生重大变化，评估机构应当与委托方签订补充协议或者重新签订业务约定书。

3. 编制评估计划

评估计划的内容涵盖现场调查、收集评估资料、评定估算、编制和提交评估报告等评估业务实施全过程。评估计划通常包括评估的具体步骤、时间进度、人员安排和技术方案等内容。注册资产评估师可以根据评估业务具体情况确定评估计划的繁简程度。

4. 现场调查

注册资产评估师执行资产评估业务，应当根据评估业务具体情况对评估对象进行适当的现场调查。现场调查工作不仅是评估人员勤勉尽责义务，也是基于资产评估程序和操作的必经环节，有利于评估人员全面、客观了解评估对象，核实委托方和产权持有人提供资料的可靠性，并通过现场调查工作有针对性地开展资料收集、分析工作。

5. 收集评估资料

注册资产评估师应当要求委托方提供涉及评估对象和评估范围的详细资料。注册资产评估师应当要求委托方或者产权持有者对其提供的评估明细表及相关证明材料以签字、盖章或者其他方式进行确认。

注册资产评估师应当通过询问、函证、核对、监盘、勘察、检查等方式进行调查，获取评估业务需要的基础资料，了解评估对象现状，关注评估对象法律权属。

注册资产评估师在执行现场调查时无法或者不宜对评估范围内所有资产、负债等有关内容进行逐项调查的，可以根据重要程度采用抽样等方式进行调查。

注册资产评估师收集的评估资料包括直接从市场等渠道独立获取的资料，从委托方、产权持有者等相关当事方获取的资料，以及从政府部门、各类专业机构和其他相关部门获取的资料。

评估资料包括查询记录、询价结果、检查记录、行业资讯、分析资料、鉴定报告、专业报告及政府文件等形式。

注册资产评估师应当根据评估业务具体情况对收集的评估资料进行必要分析、归纳和整理，形成评定估算的依据。

6. 评定估算

注册资产评估师应当根据评估对象、价值类型、评估资料收集情况等相关条件，分析市场法、收益法和成本法等资产评估方法的适用性，恰当选择评估方法。

注册资产评估师应当根据所采用的评估方法，选取相应的公式和参数进行分析、计算和判断，形成初步评估结论。

注册资产评估师应当对形成的初步评估结论进行综合分析，形成最终评估结论。注册资产评估师对同一评估对象需要同时采用多种评估方法的，应当对采用各种方法评估形成的初步评估结论进行分析比较，确定最终评估结论。

7. 编制和提交评估报告

注册资产评估师应当在执行评定估算程序后，根据法律、法规和资产评估准则的要求编制评估报告。

注册资产评估师应当根据相关法律、法规、资产评估准则和评估机构内部质量控制制度，对评估报告及评估程序执行情况进行必要的内部审核。

注册资产评估师提交正式评估报告前，可以在不影响对最终评估结论进行独立判断的前提下，与委托方或者委托方许可的相关当事方就评估报告有关内容进行必要沟通。

注册资产评估师完成上述评估程序后，由其所在评估机构出具评估报告并按业务约定书的要求向委托方提交评估报告。

8. 工作底稿归档

注册资产评估师在提交评估报告后，应当按照法律、法规和资产评估准则的要求对工作底稿进行整理，与评估报告一起及时形成评估档案。

注册资产评估师不得随意删减基本评估程序。

二、现金流评估预测需要收集的信息

资料收集工作是资产评估业务质量重要保证，也是进行分析、判断进而形成评估结论的基础。

1. 收集产权持有者的内部信息资料

发行人、基础资产原始权益人的内部信息资料通常是与被评估的目标资产直接相关的信息。这些信息主要包括公司历史沿革、组织机构、管理层介绍、客户及供应商基数、合同义务、有关标的资产的历史经营情况、现金流发生规律及其未来发展前景的信息数据（如财务报告等)。一般情况下，评估人员应收集的资料还包括目标资产的相关文件，如产权证明文件、合同、协议、批文等。

（1）企业的法律文件

例如公司章程、企业各项规章制度、重要的经营协议合同，包括基础资产可能涉及的供货、销货、特许经营许可等。

（2）企业的经营信息

例如企业的类型、规模、主要产品或服务、行业竞争地位、企业年度生产经营计划及执行情况分析、企业发展规划及其相应配套规划等。

（3）企业的财务信息

例如企业的财务报表，包括近几年的资产负债表、利润表、现金流量表以及上述资料的比较分析资料。

（4）企业的管理信息

例如企业机构组织示意图、主要领导人简介、人力管理模式等。

（5）企业其他信息

其他企业认为需要提供的资料。

2. 收集产权持有者的外部信息资料

基础资产现金流预测评估的外部信息一般包括行业资料、技术发展趋势、宏观经济统计资料、市场交易定价资料等。这些资料一般来源于公开市场和公共信息领域，有的来自市场，有的来自政府，也包括来自媒体、行业协会的信息等。

（1）宏观经济信息，例如当前国家经济发展趋势、经济增长速度、国家宏观经济政策等。

（2）产业经济信息，例如产业发展趋势、产业布局、产业在国民经济发展中的地位和作用、产业发展速度、产业技术指标、经济指标和财务指标等。

第四节　现金流评估预测方法及分析

一、现金流评估预测方法简述

截至目前已发行的基础资产支持票据涉及的基础资产，按照资产类别来分，主要归纳为既有债权类资产和未来收益权类资产两大类。既有债权类资产有已完工 BT 项目的回收款、企业已形成的应收账款等；未来收益权类资产有高速公路收费收入、市政公用事业费收入、保障房租金收入等。

既有债权类资产和未来收益权类资产在收入的可确定性、现金流预测方法有所区别，因此，下文将分别对这两类资产作为基础资产的资产支持票据的现金流评估预测进行介绍。

1. 既有债权基础资产现金流预测

既有债权作为基础资产的，必须要有明确未来现金偿还计划的债权合同及相关法律要件。评估预测时可以根据债权合同或相关法律要件载明的未来现金偿还计划预测未来现金流量。

例如 BT 项目的回购债权，作为既有债权类基础资产，一般 BT 项目回购协议中会记载明确的回购周期、回购时点以及回购计划等详细信息；评估人员可以依据回购协议中明确的还款计划准确地预测未来可预期现金流，故此类既有债权类基础资产未来现金流可预测性强，也比较直观，可以称之为直接法。故此类基础资产现金流评估预测时，对于明确载明未来现金还款计划的债权合同或相关文件的收集、分析、计算就成为了评估预测的关键及重点。

2. 收益权基础资产收入现金流预测

收益权作为基础资产的，评估预测时须参考近年收入现金流历史记录与波动性，从而进行未来现金流的预测。委估基础资产的收入现金流预测是建立在评估基准日调整的基础资产收益或历史收益的平均收益趋势基础上的，结合影响基础资产收益实现的主要因素在未来预期变化的情况，采用历史收益综合调整法、产品周期法、实践趋势分析法等方法进行间接预测。

一般而言，收益权类基于未来的经营收入，将会形成债权现金流，会计上反映为应收账款。

二、评估预测现金流应注意的问题

由于收益权类基础资产预测现金流存在较多难以准确把握的因素，以及易受到评估人员主观的影响，而且又直接影响到最终的现金流评估预测结果，因此需要评估人员在预测过程中，应当对所做的预测进行严格检验，以判断所预测的合理性。检验可以通过以下几方面进行：

1. 将预测与基础资产历史收益及收入现金流的平均趋势进行比较。如预测的结果与历史平均趋势明细不符，或出现较大变化，又无充分理由加以支持，则该预测的合理性值得商榷。

2. 对影响最终评估预测结果的敏感性因素加以严格的检验。在这里，敏感性因素具有两方面特征：一是该类因素未来存在多种变化，二是其变化能对最终评估预测结果产生较大影响。如对销售收入的预测，评估人员可能基于对企业所处市场前景的不同假设而会对销售收入作出不同的预测，并分析不同预测结果可能对最终评估预测结果产生的影响。由此，就需要对销售收入的预测进行严格的检验，对觉得销售收入预测的各项假设反复推敲。

3. 评估预测需要注意，一定收益水平是一定资产运作的结果。在预测时，应保持预测现金流与基础资产的盈利能力之间的对应关系。例如：收益权对应的营业收入或销售收入与产品的销售量会受到价格需求弹性的制约，不能不考虑价格需求弹性而想当然的量价齐升；在考虑预测现金流增长时，应对基础资产所处的产业及细分市场的需求、竞争情况进行分析，不能在不考虑产业及市场具体竞争的情况下，就作出预测现金流增长的判断。

4. 对预测收益及收入现金流的增长与其所对应的成本费用变化的一致性进行检验。收入的变化与成本费用的变化存在较强的一致性，如预测收入现金流变化而成本费用不进行相应的变化，则该预测值得商榷。

5. 评估预测所采用的会计政策、税收政策与基础资产原始权益人企业所采用的会计政策、税收政策关系密切，评估人员不可以违背会计政策、税收政策以不合理的假设作为预测的基础，评估预测应与企业未来实行的会计政策、税收政策保持一致。

第五节　基础资产现金流评估预测报告实例

评估报告实例：

资产评估报告书

×××评报字（201×）第×××号

××××有限公司：

××××资产评估有限公司接受贵公司的委托，根据有关法律、法规和资产评估准则、资产评估原则，按照必要的评估程序，以资产的持续使用和公开市场为前提，采用收益现值法，对××××有限公司拟发行资产支持票据涉及的回购债权在评估基准日的市场价值进行了评估。现将资产评估情况报告如下：

一、委托方、产权持有单位和业务约定书约定的其他评估报告使用者

本次资产评估项目的委托方暨产权持有单位为：××××有限公司，业务约定书约定的其他评估报告使用者为法律法规规定的其他使用者。

委托方暨产权持有单位概况

1. 注册登记情况

名　　称：××××有限公司

住　　所：××××××××××××××××

法定代表人：××××××××××××××

注册资本：人民币××××××万元

成立日期：200×年××月××日

经营范围：×××××××××××××（按照营业执照载明的营业范围填列）

2. 公司概况

（1）历史沿革

××××有限公司是经×××人民政府下发的《×××××的通知》（×政发〔200×〕××号）批准设立的有限责任公司，成立于200×年×月××日，注册资本为人民币××××万元，全部由××××××出资，××××××事务所有限公司出具“×××内验〔200×〕×××号”《验资报告》。

200×年××月，根据×××人民政府国有资产监督管理委员会下发的《×××××变更公司名称及增加注册资本的批复》（×国资发〔200×〕×号）及×××人民政府下发的《市政府关于同意×××××有限公司变更公司名称为××××有限公司的批复》（×政复〔200×〕×号），××××更名为××××有限公司，注册资本增加至人民币××××万元，全部由××市人民政府国有资产监督管理委员会出资，××××会计师事务所有限公司出具“×××验〔200×〕00×号”《验资报告》。

200×年××月，根据××市人民政府国有资产监督管理委员会下

发的《关于同意××××有限公司增加注册资本和扩大经营范围的批复》(×国资发〔200×〕×××号)，××××将资本公积××××万元转增资本，注册资本增加至人民币××××万元，××××会计师事务所有限公司出具"×××验〔200×〕××号"《验资报告》。

截至评估基准日，××××注册资本及股权结构未发生变化。

(2) 公司主要业务简介

××××有限公司是经×××人民政府批准设立的国有资产经营管理公司，经×××国资委授权经营国有资产，按照国有资产管理权限，享有资产收益、重大决策和选择管理者等权利，承担国有资产保值增值义务。公司的宗旨是：贯彻市委、市政府制定的经济社会发展战略，通过国有资本运作，引导产业结构调整，承担城市建设、基础设施和社会事业发展等重大工程的投融资职能，增强国有经济的控制力、影响力、带动力，发展壮大国有经济，实现国有资产保值增值，为全市经济结构实行战略性调整和加快城市化进程服务。

××××是负责××市公用事业、城市基础设施建设投融资及相关国有资产经营管理的骨干企业，主要业务包括自来水、客运、投资管理和城市基础设施建设等板块。××××作为××市公用事业和城市基础设施建设的经营主体，主要业务在区域内均处于垄断地位，经营优势明显。

3. 近年及评估基准日资产、财务、经营状况：

表5－1　　资产负债表简表（合并报表）　　单位：人民币万元

项　目	2010/12/31	2011/12/31	2012/12/31	2013/9/30
流动资产	1 258 651.91	1 473 281.36	1 762 257.73	1 816 408.52
非流动资产	654 713.78	1 044 932.97	778 109.49	844 195.64
资产总计	1 913 365.69	2 518 214.33	2 540 367.22	2 660 604.16
流动负债	387 280.88	351 409.55	413 125.03	351 280.55
非流动负债	823 490.64	836 439.50	734 957.46	917 594.40
负债合计	1 210 771.52	1 187 849.06	1 148 082.49	1 268 874.95
少数股东权益	—	2 719.02	3 058.92	2 396.36
股东权益合计	702 594.18	1 327 646.25	1 389 225.81	1 389 332.84
负债和股东权益总计	1 913 365.69	2 518 214.33	2 540 367.22	2 660 604.16

表5－2　　　　利润表（合并报表）　　　　单位：人民币万元

项　　目	2010 年度	2011 年度	2012 年度	2013 年(1—9)
一、主营业务收入	67 600. 87	55 541. 69	58 358. 76	38 813. 54
减：主营业务成本	30 157. 30	37 441. 20	39 227. 98	34 362. 18
主营业务税金及附加	804. 59	874. 47	1 026. 03	368. 52
二、主营业务利润（亏损以“－”号填列）	36 638. 98	17 226. 01	18 104. 75	4 082. 84
加：其他业务利润（亏损以“－”号填列）	934. 31	1 385. 28	1 648. 04	2 286. 60
减：营业费用	8 999. 45	10 843. 45	11 108. 51	7 572. 13
管理费用	8 253. 36	7 962. 96	12 067. 02	7 485. 36
财务费用	1 739. 59	2 954. 47	3 267. 00	3 122. 92
三、营业利润（亏损以“－”号填列）	18 580. 89	－3 149. 59	－6 689. 74	－11 810. 96
加：投资收益（损失以“－”号填列）	2 233. 80	11 206. 38	12 637. 49	10 947. 92
补贴收入	5 849. 02	12 740. 08	16 701. 14	1 456. 10
营业外收入	431. 68	114. 66	145. 85	1 067. 86
减：营业外支出	471. 47	836. 36	3 111. 90	193. 76
四、利润总额（亏损总额以“－”号填列）	26 623. 93	20 075. 18	19 682. 84	1 467. 16
减：所得税	3 118. 97	1 363. 58	1 418. 16	1 002. 19
减：少数股东损益（合并报表填列、亏损以“－”号填列）	—	29. 02	139. 89	69. 58
加：本期未确认的投资损失	—	—	—	—
五、净利润（净亏损以“－”号填列）	23 504. 96	18 682. 58	18 124. 79	395. 38

上述2010年度、2011年度、2012年度财务数据业经××××××会计师事务所有限公司审计，并分别出具×××审字〔2011〕第19号、×××审字〔2012〕第12号、×××审字〔2013〕第10号无保留意见审计报告。评估基准日财务数据摘自企业未经审计的合并财务报表。

二、评估目的

根据资产评估业务约定书和××××董事会决议，本评估报告的评估目的是为××××有限公司拟发行资产支持票据所涉及的××××回购债权在评估基准日所体现的收益现值提供价值参考依据。

本评估报告所涉及的经济行为已经×××人民政府国有资产监督管理委员会批准。

三、评估对象和评估范围

本次评估的评估对象为××××有限公司与×××财政局于200×年签订的《关于××市××路等基础设施项目建设与移交收购（BT）协议》（×财BT〔200×〕×号）、于200×年签订的《关于××市××路等基础设施项目建设与移交收购（BT）协议》（×财BT〔200×〕×号）、于201×年签订的《××市××路等基础设施项目建设与移交收购（BT）协议之补充协议》（×财BT〔200×〕×号补）及《××市××路等基础设施项目建设与移交收购（BT）协议之补充协议》（×财BT〔200×〕×号补）所涉及的BT项目回购债权于评估基准日的收益现值。

评估范围是上述BT项目回购协议自基准日至协议约定执行完成期间的项目回购款现金流。

截至评估基准日，××××共计2项BT协议回购债权，分别是××××与×××财政局于200×年签订《关于××市××路等基础设施项目建设与移交收购（BT）协议》（×财BT〔200×〕×号），约定采取“BT”（建设—移交）模式建设××市××路（××大道—××东路）等7个基础设施建设工程项目；200×年，××××与×××财政局签订《关于××市××路等基础设施项目建设与移交收购（BT）协议》（×财BT〔200×〕×号），约定采取“BT”（建设—移交）模式建设××市××路等11个基础设施建设工程项目；2012年10月，××××与××财政局签订《××市××路等基础设施项目建设与移交收购（BT）协议之补充协议》（×财BT〔200×〕×号补）和《××市××路等基础设施项目建设与移交收购（BT）协议之补充协议》（×财BT〔200×〕×号补）。

依据上述《BT协议》及《BT补充协议》所确定的价值人民币××××元的回购款合同债权，即《BT协议》和《BT补充协议》所确定的××路（××大道—××东路）等18个基础设施建设工程项目的回购款合同债权，回购主体为×××财政局。

《BT协议》由××××与×××财政局双方签字盖章，依法成立并合法有效。该18个BT项目经××市发改委的项目可行性研究报告批文：×发改投资〔200×〕6××、6××、6××、6××、6××、6××、6××号，×发改投资〔200×〕×、×1、×2、×3、×4、×5、×7、×8、×9、×98、×99号，同意规划建设，BT项目立项建设合法有效。18个BT项目已经全部竣工结算并经过回购主体×××财政局验收，完成移交。鉴此，相关回购主体根据已审计的结果与××××签订了《BT补充协议》，确认了回购款金额。

关于BT项目回购款的资金来源，回购主体×××财政局在《BT协议》及《BT补充协议》中约定以政府财政方式回购，××市人民政府保证每年将《BT协议》及《BT补充协议》约定的当年项目回购款及利息报批后纳入每年财政预算并执行，故BT项目回购资金来源均合法稳定。

上述《BT协议》及其《BT补充协议》涉及的××××已完工项目共计18项资产，资产涵盖污水处理厂、道路以及桥梁建设，协议约定的资产回购金额××××亿元，回购期限××年，分别在201×年××月至201×年××月支付××亿元、××亿元、××亿元、××亿元、××亿元。

各BT项目详细信息，详见表5－3。

表 5-3　　**截至评估基准日已完工基础设施项目**

序号	项目名称	合规及批文情况		
		立项	土地	环评
1	东港污水处理厂二期	×发改投资〔200×〕11	×国土资预函〔200×〕010	×环表复〔200×〕008
2	滨江路北段	×发改投〔200×〕632	×国土资预函〔200×〕011	×环表复〔200×〕009
3	青年东路东延	×发改投〔200×〕621	×国土资预函〔200×〕006	×环表复〔200×〕014
4	世伦路	×发改投资〔200×〕9	×国土资预函〔200×〕008	×环表复〔200×〕016
5	跃龙路南延	×发改投资〔200×〕627	×国土资预函〔200×〕002	×环表复〔200×〕010
6	城山路改造	×发改投资〔200×〕628	×国土资预函〔200×〕003	×环表复〔200×〕011
7	长江北路	×发改投资〔200×〕15	×国土资预函〔200×〕014	×环表复〔200×〕021
8	马躺路桥南接线	×发改投资〔200×〕629	×国土资预函〔200×〕004	×环表复〔200×〕012
9	园林路北段	×发改投资〔200×〕626	×国土资预函〔200×〕001	×环表复〔200×〕018
10	长江中路拓宽	×发改投资〔200×〕630	×国土资预函〔200×〕005	×环表复〔200×〕013
11	新城路（园林路南段）	×发改投资〔200×〕13	×国土资预函〔200×〕012	×环表复〔200×〕019
12	钟秀东路	×发改投资〔200×〕14	×国土资预函〔200×〕013	×环表复〔200×〕020
13	老通启路拓宽	×发改投资〔200×〕17	×国土资预函〔200×〕010	×环表复〔200×〕023
14	北城大桥	×发改投资〔200×〕19	×国土资预函〔200×〕019	×环表复〔200×〕026
15	钟秀大桥	×发改投资〔200×〕18	×国土资预函〔200×〕018	×环表复〔200×〕025
16	园林路北延	×发改投资〔200×〕12	×国土资预函〔200×〕011	×环表复〔200×〕009
17	观音山环保公园	×发改投资〔200×〕16	×国土资预函〔200×〕015	×环表复〔200×〕022
18	通启路两侧绿化	×发改投资〔200×〕10	×国土资预函〔200×〕009	×环表复〔200×〕017

续表

BT 项目名称	工程内容
××路（××大道—××东路）	南起××大道，北至××路东延，长约 2 500 米，宽 50 米，实施内容为道路、桥涵、管线、绿化及附属设施等
××路南延	北起××大道，南至××路，长约 3 000 米，宽 24—32 米，主要建设内容为道路、桥涵、管线、挡墙及道路配套设施等
××路改造	北起××路，南至×山，长约 4 700 米，宽 24 米，主要建设内容为道路、桥涵、管线、绿化、曹公祠改造等工程
××路桥南接线	北起××路桥，南至××东路，长约 4 000 米，宽 50 米，主要建设内容为道路、桥涵、管线、绿化、泵站及道路配套设施等
×××路拓宽改造	西起××路，东至××路，长约 4 500 米，宽 50 米，主要建设内容为道路、桥涵、管线、绿化及道路配套设施等
××年东路东延段	西起××东路，东至×××镇营船港河，长约 4 000 米，宽 60 米，实施内容为道路、桥梁、地下管线、污水提升泵房、公交车场及路灯、绿化等设施
××路北段（××路—××路）	南起××路，北至××路，含××大桥，长 3 200 米，宽 50 米，主要建设内容为道路、桥涵、管线、泵站、回车场、绿化及附属设施等
××路	北起××东路，南至××路，长约 2 800 米，宽 60 米，主要建设内容为道路、桥涵、管线、绿化及道路配套设施等
×××××污水处理厂二期扩建	×××水处理厂一期工程西侧，项目在一期已建成 2.5 万立方米/日基础上，再新增 2.5 万立方米/日（含深度处理 5 万立方米/日）处理能力

续表

BT 项目名称	工程内容
××路（××东路—××东路）	南起××东路，北至××东路，长约 4 300 米，规划路宽 55 米，主要建设内容为道路、桥涵、管线、绿化及附属设施等
××路	北起××路，南至××港河，长约 2 000 米，宽 60 米，主要建设内容为道路、桥涵、管线、绿化、污水泵站及道路配套设施等
××东路（××东路—××路）	西起××东路，东至××路，长约 2 400 米，宽 48 米（局部 54 米），主要建设内容为道路、桥涵、管线、绿化及道路配套设施等
××北路（××路—××港河）	西起××路，北至×××河，道路长约 8 700 米，越江路至××大道宽 50 米，城北大道至九圩港河宽 30 米，建设内容为道路、桥涵、管线、绿化等
×××路拓宽	西起××路，东至××大道，长约 3 000 米，规划路宽 70 米，主要建设内容为道路、桥涵、管线、绿化及附属设施等
××大桥	南起××路，与××路相接；北至××北路，与××路相接。实施内容为桥梁、引道及附属设施等，其中桥梁及引道长约 1 200 米、宽 30 米
××大桥	南起××路，北至××北路，实施内容为桥梁、引道及附属设施等，其中桥梁及引道长约 1 400 米、宽 30 米
××山环保公园	位于××山镇营船港河西侧、太平路东侧、规划中的××大道北侧，占地约 12 公顷，主要建设内容为景观工程及附属设施等
××路两侧绿化景观带	西起××路，东至××大道，长约 3 000 米，规划绿化带宽度 50 米，主要建设内容为绿化及配套设施等

四、价值类型及其定义

本报告评估结论的价值类型为市场价值。

市场价值是指自愿买方和自愿卖方在各自理性行事且未受任何强迫的情况下，评估对象在评估基准日进行正常公平交易的价值估计数额。

本报告所称“评估价值”，是指所约定的评估范围与评估对象在本报告约定的价值类型、评估假设和前提条件下，按照本报告所述程序和方法，仅为本报告约定评估目的服务而提出的评估意见。

五、评估基准日

根据资产评估业务约定书，本着有利于保证评估结果有效地服务于评估目的的原则，委托方暨产权持有单位与评估机构共同商定本项目的资产评估基准日为：201×年××月××日。

六、评估依据

（一）经济行为依据

1. 关于公司发行资产支持票据的董事会决议（201×年××月××日）；

2. 关于同意××××有限公司发行××亿资产支持票据的批复（×国资发〔201×〕×××号）。

（二）法律法规依据

1. 中华人民共和国主席令第42号《中华人民共和国公司法》（2005年10月27日）；

2. 财政部令第14号《国有资产评估管理若干问题的规定》（2001年12月31日）；

3. 国务院国有资产监督管理委员会令第12号《企业国有资产评估管理暂行办法》（2005年8月25日）；

4. 国务院国有资产监督管理委员会关于《加强企业国有资产评估管理工作有关问题》的通知（国资委产权〔2006〕274号，2006年12月12日）；

5.《银行间债券市场非金融企业资产支持票据指引》（中国银行间市场交易商协会公告〔2012〕第14号）；

6. 其他与资产评估相关的法律、法规等。

（三）准则依据

1. 财政部关于印发《资产评估准则——基本准则》和《资产评估职业道德准则——基本准则》的通知（财企〔2004〕20号，2004年2月25日）；

2. 中国注册会计师协会关于印发《注册资产评估师关注评估对象法律权属指导意见》的通知（会协〔2003〕18号，2003年1月28日）；

3. 中国资产评估协会关于印发《资产评估准则——评估报告等7项资产评估准则》的通知（中评协〔2007〕189号，2007年11月28日）；

4. 中国资产评估协会关于印发《企业国有资产评估报告指南》的通知（中评协〔200×〕218号，200×年11月28日）；

5. 财政部颁布的国内企业会计准则体系。

（四）权属依据

1.《关于××市××路等基础设施项目建设与移交收购（BT）协议》〔200×〕；

2.《关于××市××路等基础设施项目建设与移交收购（BT）协议》〔200×〕；

3.《××市××路等基础设施项目建设与移交收购（BT）协议之补充协议》及《××市××路等基础设施项目建设与移交收购（BT）协议之补充协议》（2012）；

4. 产权持有单位提供的其他权属证明文件。

（五）取价依据

1. Wind资讯数据；

2. 评估师现场察看和市场调查取得的与估价相关的资料。

（六）其他依据

1. 产权持有单位提供的各类《资产评估申报明细表》；

2. 产权持有单位提供的201×年至201×年合并审计报告、基准日合并会计报表、会计凭证、财务经营方面的资料以及有关协议、合同书等财务资料；

3. 产权持有单位相关人员访谈记录；

4. 产权持有单位提供的其他有关资料。

七、评估方法

1. 收益现值法简介

收益现值法是指通过估算被评估资产的未来预期收益并折算成现值，借以确定被评估资产价格的一种资产评估方法。

所谓收益现值，是指委估资产在未来特定时期内的预期收益按适当的折现率折算成当前价值（简称折现）的总金额。本评估报告中的预期收益指因BT项目回购债权产生的预期回购款流入量，并不考虑相应的成本费用。

收益现值法的适用前提条件为：

（1）被评估资产必须是能够用货币衡量其未来期望收益的单项或整体资产。

（2）产权所有者所承担的风险也必须是能用货币来衡量的。

2. 本次评估收益现值法评估思路

评估人员认真调查纳入评估范围的BT项目回购债权相关回购协议及其补充协议等资料，逐项分析各项协议，并根据此次发行资产支持票据确定的BT项目回购债权在设定期限的预期回购款收入，选取适当的折现率折算为现值，从而确定委托评估的BT项目回购债权产生的现金流量在评估基准日的收益现值。

本次评估收益期为设定期限：具体期限以回购协议为准。

则

评估值＝在设定期限内各期预期回购款现金流入折现到评估基准日（201×年××月××日）之和，即

$$P = \sum_{t=1}^{n} \frac{R_t}{(1+r)^t}$$

其中：P—评估值（折现值）；

r—所选取的折现率；

n—设定期限（收益期）；

R_t—未来第 t 个收益期的预期回购款流入。

本次评估的标的是××××BT 项目回购协议产生的回购债权。从收益现值法角度出发，是在设定期限内未来所产生的预期回购款现金流入的折现值。

（1）预期回购款现金流入根据评估人员现场收集的 BT 项目回购协议及其补充协议等资料，对 BT 项目债权回购款进行预测。

（2）预测期限的设定

根据本次发行票据的方案，具体期限自基准日至 BT 项目回购协议执行完止，即自 201×年××月至 201×年××月止。

3. 折现率的确定

折现率，又称期望投资回报率，是基于收益法确定评估价值的重要参数。

累加法是确定折现率最常用的方法。一般来说，折现率应包含无风险报酬率、风险报酬率。无风险报酬率是指资产在一般条件下的获利水平；风险报酬率是指承担风险取得的报酬和资产的比率。评估实务中往往选用安全利率来作为无风险报酬率，安全利率通常参照评估基准日的国债利率或银行存款利率。

折现率 = 无风险报酬率 + 风险报酬率

4. 对在设定期限内 BT 项目回购款现金流入进行折现，得到委估 BT 项目回购债权在评估基准日的收益现值。

八、评估程序实施过程和情况

本次评估程序主要分四个阶段进行。

（一）评估准备阶段

与委托方洽谈，明确评估业务基本事项，对自身专业胜任能力、独立性和业务风险进行综合分析和评价，接受委托，签订资产评估业务约定书；确定项目负责人，组成评估项目组，编制评估计划；辅导产权持有单位填报资产评估申报表，准备评估所需资料。

（二）现场调查及收集评估资料阶段

根据此次评估业务的具体情况，按照评估程序准则和其他相关规定的要求，评估人员通过询问、函证、核对、监盘、勘察、检查、抽查等方式进行实地调查，从各种可能的途径获取评估资料，核实评估范围，了解评估对象现状，关注评估对象法律权属。

（三）评定估算阶段

对收集的评估资料进行必要分析、归纳和整理，形成评定估算的依据；根据评估对象、价值类型、评估资料收集情况等相关条件，选择适用的评估方法，选取相应的公式和参数进行分析、计算和判断，形成初步评估结果。

（四）编制和提交评估报告阶段

根据各评估小组对各类资产的初步评估结果，编制相关评估说明，在核实确认相关评估说明具体资产项目评估结果准确无误，评估工作没有发生重复和遗漏情况的基础上，依据各资产评估说明进行资产评估汇总分析，确定最终评估结论，撰写资产评估报告书；根据相关法律、法规、资产评估准则和评估机构内部质量控制制度，对评估报告及评估程序执行情况进行必要的内部审核；与委托方或者委托方许可的相关当事方就评估报告有关内容进行必要沟通；按资产评估业务约定书的要求向委托方提交正式资产评估报告书。

九、评估假设

本次评估是建立在一系列假设前提基础上的。下面是其中一些主要的假设前提：

（一）基础性假设

1. 公开市场假设：假设评估对象及其所涉及资产是在公开市场上进行交易的，在该市场上，买者与卖者的地位平等，彼此都有获取足够市场信息的机会和时间，买卖双方的交易行为都是在自愿的、理智的、非强制条件下进行的。

2. 企业持续经营假设：假设在评估目的经济行为实现后，评估对象及其所涉及的资产将按其评估基准日的用途与使用方式持续使用。

（二）宏观经济环境假设

1. 国家现行的经济政策方针无重大变化。

2. 产权持有单位所在地区的社会经济环境无重大变化。

（三）评估对象于评估基准日状态假设

1. 除评估师所知范围之外，假设评估对象及其所涉及资产的取得或开发过程均符合国家有关法律法规规定。

2. 除评估师所知范围之外，假设评估对象及其所涉及资产均无附带影响其价值的权利瑕疵、负债和限制，假设评估对象及其所涉及资产之价款、税费、各种应付款项均已付清。

（四）限制性假设

1. 企业以目前的规模按持续经营原则继续经营原有业务。

2. 企业与×××财政局签订的《BT 协议》及《BT 补充协议》得到有效执行，BT 协议债务人能按照协议约定按时支付 BT 项目回购款。

3. 资金的无风险报酬率保持为目前的水平。

4. 收益的预测期限设定为 201×年××月至 201×年××月止，计算以每年 1 月 1 日至 12 月 31 日为一会计年度，依次类推；公司未来将采取的会计政策和编写此份报告时所采用的会计政策在重要方面基本一致。

5. 国家现行的有关法律法规及政策、国家宏观经济形势无重大变化，产权持有单位所处地区的政治、经济和社会环境无重大变化，无其他不可预测和不可抗力因素造成的重大不利影响。

6. 本评估报告假设由委托方、产权持有单位提供的法律文件、经营资料等评估相关资料均真实可信。我们亦不承担与评估对象涉及资产产权有关的任何法律事宜。

7. 公司股东不损害公司的利益，经营按照章程规定正常进行。

8. 企业以前年度及当年签署的合同、协议有效，并能得到执行。

本报告评估结果的计算是以评估对象在评估基准日的状况和评估报告对评估对象的假设和限制条件为依据进行。根据评估资产的要求，认定这些假设在评估基准日时成立，当未来经济环境发生较大变化，将不承担由于假设条件改变而推导出不同评估结论的责任。

当出现与前述假设和限制条件不一致的事项发生时，本评估结果一般会失效。

十、评估结论

本次评估采用收益现值法对××××与×××财政局已签订的《BT 协议》及《BT 补充协议》所涉及的 BT 项目回购债权收益现值进行评估。

经评估，委估 BT 项目回购债权于评估基准日 201×年××月××日的收益现值为人民币××××××元整，具体如表 5－4 所示：

表 5－4　　收益预测现值表　　单位：人民币万元

项　目	未来预测					合计
预期支付日期	2014－12－01	2015－12－01	2016－12－01	2017－12－01	2018－12－01	
×财 BT〔200×〕×号	9 000.00	9 000.00	40 000.00	30 000.00	26 048.54	114 048.54
×财 BT〔200×〕×号	10 000.00	10 000.00	45 000.00	50 000.00	72 789.48	187 789.48
回购款现金流入	19 000.00	19 000.00	85 000.00	80 000.00	98 838.02	301 838.02
×财 BT〔200×〕×号	8 185.00	7 547.00	30 924.00	21 386.00	17 122.00	85 164.00
×财 BT〔200×〕×号	9 095.00	8 386.00	34 789.00	35 643.00	47 845.00	135 758.00
回购权收益现值	17 280.00	15 933.00	65 713.00	57 029.00	64 967.00	220 922.00

十一、特别事项说明

本评估报告存在如下特别事项，提请报告使用者予以关注：

1. 本评估报告的评估结论是反映委托评估对象在持续经营、外部宏观经济环境不发生变化等假设前提下，于评估基准日所表现的本报告所列明的评估目的下的价值。

2. 本评估报告是在委托方及相关当事方提供基础文件数据资料的基础上做出的。提供必要的资料并保证所提供的资料的真实性、合法性、完整性是委托方及相关当事方的责任；注册资产评估师的责任是对评估对象在评估基准日特定目的下的价值进行分析、估算并发表专业意见。

3. 本评估结论不应当被认为是对评估对象可实现价格的保证，而是基于一定评估基准和假设条件下的价值咨询意见。

4. 本评估结论未考虑评估值增减可能产生的纳税义务变化。

5. 委托方及相关当事方对所提供的评估对象法律权属等资料的真实性、合法性和完整性承担责任；注册资产评估师的责任是对该资料及其来源进行必要的查验和披露，不代表对本次委估资产的权属提供任何保证，对评估对象法律权属进行确认或发表意见超出注册资产评估师执业范围。

6. 企业存在的可能影响评估的瑕疵事项，在委托方及产权持有单位未作特殊说明而评估人员根据专业经验一般不能获悉的情况下，评估机构及评估人员不承担相关责任。

7. 注册资产评估师对评估对象的法律权属状况给予了必要的关注，但不对评估对象的法律权属做任何形式的保证。

8. 本评估结论是以企业持续经营并在预测期内委估 BT 项目回购债权能实现预期回购现金流入为前置假设条件提出的。本次评估根据××××提供的《BT 协议》及其《BT 补充协议》，对委估 BT 项目回购款在未来预测期内进行了分析预测。

9. 上述特殊事项如对评估结果产生影响而评估报告未进行调整的情况下，评估结论将不成立且报告无效，不能直接使用本报告评估结论。

十二、评估报告使用限制说明

本评估报告有如下使用限制：

1. 本评估报告只能由评估报告载明的评估报告使用者使用，且只能用于本评估报告载明的评估目的和用途。评估报告使用者应按有关法律、法规，以及资产评估业务约定书的要求正确、恰当地使用本评估报告，任何不正确或不恰当地使用报告所造成的不便或损失，将由报告使用者自行承担责任。

2. 本报告是关于价值方面的专业意见，尽管我们对被评估企业提供的有关资产的产权证明等法律性文件进行了必要的检查并在本报告中对相关事项进行了披露，但评估师并不具备对该等法律事项表达意见的能力，也没有相应的资格。然而，这些法律事项是我们评估的基础，因此，本报告使用人应当关注这些法律事项，如果不能明白或确信我们对相关法律事项所作的披露或认为相关法律事项比较重要，则应当聘请律师等相应专业的人士提供相关的法律服务。

3. 除法律法规要求的财产评估主管机关或其他法律法规授权部门审查使用本报告书时外，未经委托方书面许可或同意，本公司不会将本报告书的全部或部分内容向他人提供或公开。除法律法规要求的财产评估主管机关或其他法律法规授权部门审查使用本报告书时外，本公司也没有向其他任何第三方解释本评估报告书的义务。除法律法规规定以及相关当事方另有约定外，未征得我公司书面同意，本评估报告的内容不得被摘抄、引用或披露于公开媒体。

4. 本评估报告结论的使用有效期原则上为自评估基准日起一年。如果资产状况、市场状况与评估基准日相关状况相比发生重大变化，委托方应当委托评估机构执行评估更新业务或重新评估。

十三、评估报告日

本评估报告日为20××年××月××日。

（以下无正文）

（本页无正文）

评估机构法定代表人：××××××　　________________

中国注册资产评估师：××××××　　________________

中国注册资产评估师：××××××　　________________

××××资产评估有限公司

二〇××年××月××日

××××有限公司拟发行资产支持票据涉及的BT项目回购债权价值项目

资产评估报告书附件

目　　录

附件一：有关经济行为文件复印件

1. 关于公司发行资产支持票据的董事会决议；

2. 关于同意××××有限公司发行××亿资产支持票据的批复（×国资发〔20××〕×××号）。

附件二：前三年审计报告正文及所附财务报表复印件、基准日财务报表复印件

附件三：委托方暨产权持有单位法人营业执照复印件

附件四：评估对象涉及的主要权属证明资料复印件

1. 《关于××市××路等基础设施项目建设与移交收购（BT）协议》（20××）；

2. 《关于××市××路等基础设施项目建设与移交收购（BT）协议》（20××）；

3. 《××市××路等基础设施项目建设与移交收购（BT）协议之补充协议》及《××市××路等基础设施项目建设与移交收购（BT）协议之补充协议》（20××）；

附件五：委托方、产权持有单位承诺函原件

附件六：签字注册资产评估师承诺函原件

附件七：评估机构资格证书复印件

附件八：评估机构法人营业执照副本复印件

附件九：签字注册资产评估师资格证书复印件

附件十：评估结果汇总表

第六章　资产支持票据发行及后续管理工作

非金融企业债务融资工具的定价是确定发行人和投资人债权债务关系以及资金借用成本的过程，它通过承销发行机制来实现，同时需要综合考虑宏观经济、企业资信等因素。发行时票面利率的确定首先要符合发行人对成本的考虑和偿债现金流量的实际情况，其次必须要为投资人所接受，品种要具有良好的市场适应性。合理的定价机制，对于成功与有效地发行非金融企业债务融资工具和建立良好的市场运行机制，都具有重要意义。

作为非金融企业债务融资工具的创新产品，资产支持票据的定价也是通过承销发行机制来实现的。在发行人与承销商签订完承销合同，确定了承销方式并注册成功后，就进入资产支持票据的发行环节。

第一节　发行工作主要内容及特点

2012 年 8 月 3 日，交易商协会正式发布《银行间债券市场非金融企业资产支持票据指引》，该指引为规范非金融企业资产支持票据发行提供了依据。企业发行资产支持票据应在交易商协会注册，企业可选择公开发行或非公开发行方式在银行间市场发行资产支持票据，企业发行资产支持票据应设置合理的交易结构，不得损害股东、债权人利益。目前资产支持票据共有两种发行方式，分别为簿记建档和招标发行，其发行程序主要有：

1. 企业向定向投资人发行定向工具前，应与拟投资该期定向工具的定向投资人达成《定向发行协议》。

2. 企业发行资产支持票据应由符合条件的承销机构承销；企业自主选择主承销商。需要组织承销团的，由主承销商组织承销团。

3. 企业应在资产支持票据发行完成后的次一工作日，以合理方式告知投资人当期资产支持票据实际发行规模、期限、利率等情况；通过主承销商向交易商协会书面报告发行情况。

企业应在资产支持票据发行文件中约定投资者保护机制，包括但不限于：

1. 债项评级下降的应对措施。

2. 基础资产现金流恶化或其他可能影响投资者利益等情况的应对措施。

3. 资产支持票据发生违约后的债权保障及清偿安排。

4. 发生基础资产权属争议时的解决机制。

此外，鉴于资产支持票据属于定向债务融资工具，其发行工作还有如下特点：

1. 发行文件披露方式应按照《定向发行协议》中约定的信息披露方式对定向投资人进行披露。

2. 发行文件中需重点介绍资产支持票据交易结构和基础资产情况，提供相关机构出具的现金流评估预测报告以及说明现金流评估预测偏差可能导致的投资风险。

3. 财务数据要求较低，只需最近一年审计报告和最近一期财务报表即可。

4. 企业发行资产支持票据应制定切实可行的现金流归集和管理措施，对基础资产产生的现金流进行有效控制，对资产支持票据的还本付息提供有效支持。

5. 企业选择公开发行方式发行资产支持票据，应当聘请两家具有评级资质的资信评级机构进行信用评级。如果采用非公开发行，则可以不用对其进行评级。

第二节 后续管理工作主要内容

资产支持票据的后续管理工作，可以理解为主承销商在资产支持票据存续期内，通过各种有效方法对资产支持票据发行企业和提供信用增级服务的机构进行跟踪、监测、调查，及时准确地掌握其风险状况及偿债能力，持续督导其履行信息披露、还本付息等义务，以保护投资者权益的行为。

为建立健全银行间债券市场非金融企业债务融资工具后续管理体系，指导主承销商开展相关工作，促进银行间债券市场平稳健康发展，中国银行间市场交易商协会制定和发布了《银行间债券市场非金融企业债务融资工具主承销商后续管理工作指引》、《非金融企业债务融资工具信息披露新规则》、《非金融企业债务融资工具存续期信息披露表格体系》、《非金融企业债务融资工具突发事件应急管理工作指引》、《非金融企业债务融资工具持有人会议规程》等自律规则。

上述自律规则对开展资产支持票据的后续管理工作具有重要的指导意义。主承销商应根据上述自律规则建立资产支持票据后续管理工作机制和相关制度，将其纳入统一的后续管理工作中。主承销商应根据自律规则内容要求，遵循勤勉尽责、审慎判断、及时预警、稳妥处置的原则，有组织、有计划、有步骤地对存续期的资产支持票据开展后续管理工作。企业和提供信用增进服务的机构应积极配合主承销商开展后续管理工作。

根据定义，资产支持票据是指非金融企业在银行间债券市场发行的，由基础资产所产生的现金流作为还款支持的，约定在一定期限内还本付息的债务融资工具。其重要特征是债券本息的第一还款来源为基础资产产生的现金流，因此基础资产的运营状况和现金流情况，是整个资产支持票据后续管理工作关注的重点。资产支持票据后续管理工作主要内容可分为：督导发行人合规使用募集资金、对发行人开展回访、督导信息披露、开展风险排查和压力测试、付息兑付、突发事件应急处理等。

一、合规使用募集资金

资产支持票据募集资金到账后，主承销商应督导发行人按规定使用募集资金，并跟踪发行人募集资金流向，发现企业违规使用募集资金的，要及时进行纠正。

资产支持票据发行人如需变更募集资金用途的，主承销商应督导发行人按照《定向发行协议》约定的程序变更募集资金用途，且变更后的用途需符合国家法律法规和政策规定并经企业有权决策机构同意。

二、回访

主承销商应在资产支持票据存续期对发行人开展定期和不定期的回访，动态监控其生产经营情况、财务情况，重点了解企业是否存在减资、并购、重组、股权划转、股权置换等情况以及其他应进行公开披露的重大事项。在回访的基础上，可形成后续管理报告。

三、信息披露

根据相关自律规范文件的要求，在资产支持票据存续期内，发行人和信用增进机构披露的信息包括定期信息和不定期信息两部分。其中，定期信息指在各个既定时点需披露的财务信息和根据发行协议约定需披露的基础资产运营报告。

基础资产运营报告内容包括但不限于：（1）基础资产在当期产生的现金流状况；（2）基础资产所产生现金流与现金流评估预测报告的同期数据的比较差异；（3）对差异原因进行分析；（4）对达到触发机制的现金流差异，采取了何种补偿措施。

基础资产运营报告的出具频率应不低于资产支持票据的付息频率，

同时需要注意的是运营报告的周期内统计数据应能在现金流评估预测报告中有对应的预测数据。

不定期信息目前包括《信息披露规则》和《信息披露表格体系》要求进行披露的重大事项、企业更名、变更已披露信息、跟踪评级、付息兑付、债务融资工具持有人会议等事项应披露的信息。随着市场的发展和环境的变化，不定期信息的内涵和外延也处于不断的扩展中，同时定期信息披露也会出现新情况和新要求，主承销商需根据不断变化的市场环境，灵活调整工作机制。

鉴于资产支持票据发行方式有公开定向发行和非公开定向发行两种，因此其信息披露应按照《定向发行协议》中约定的信息披露方式对定向投资人进行披露。主承销商需及时掌握定向投资人信息，以确保信息披露的有效性。

四、风险排查和压力测试

风险排查是指主承销商在资产支持票据存续期内针对相关风险点，对发行人和提供信用增级服务机构的生产经营、财务状况、合规性等方面开展的定期或不定期的排查，通过各种有效方法及时掌握发行人和信用增进机构的风险状况和偿债能力，督导其依据相关自律规则指引要求履行信息披露、还本付息等义务，以保护投资者权益，维护市场健康发展。

压力测试是一种以定量分析为主的风险分析方法，通过测算发行人或者信用增进机构在遇到假定的小概率事件等极端不利情况下可能发生的损失，分析这些损失对资产支持票据投资者带来的负面影响，进而对发行人或者信用增进机构的脆弱性作出评估和判断，并采取必要措施。

压力测试通过对发行人或者信用增进机构在极端条件下的债务偿还能力或者代偿能力进行分析，并根据压力测试报告建立和健全相应的处理与改进措施，有利于进一步管理与控制资产支持票据的风险，有效保护银行间市场的投资者利益，促进银行间债券市场良性发展。

五、付息兑付

在资产支持票据到期付息兑付前，主承销商应至少提前一个月掌握债务融资工具还本付息的资金安排，并及时了解其他有特殊安排产品的相关情况，督促企业按时履约，确保投资者按时足额获得付息兑付资金。

六、突发事件应急处理

突发事件应急处理，是指由资产支持票据主承销商牵头，提供信用增进服务的机构、信用评级机构和律师事务所等中介机构配合，协助相关发行企业有效应对存续期间突然发生的、严重影响或可能严重影响资产支持票据本息偿付的、需要立即处置的突发事件的行为。

主承销商、企业及相关中介机构开展应急管理工作应坚持快速响应、各司其职、协同联动、稳妥处置的原则。企业应在主承销商协助下制定债务融资工具突发事件应急管理机制，积极应对突发事件。

在获知突发事件后主承销商应立即启动应急管理预案，并及时向相关部门和交易商协会报告，组织其他中介机构，在相关部门的指导下，积极协助企业制定并实施应急处置方案。

主承销商应督导企业按照有关规定及自律规则，在指定媒体披露突发事件相关信息；并协助企业做好对外沟通解释工作。主承销商应视突发事件发展变化情况，根据需要，协助组织召开资产支持票据持有人会议。

关于资产支持票据持有人会议，需要注意的是除了一般性的债务融资工具持有人会议召开条件适用于资产支持票据外，出现以下情况之一的，资产支持票据召集人也应当召开持有人会议：（1）基础资产权属发生变化；（2）基础资产现金流恶化导致不足以支付资产支持票据本金或利息；（3）基础资产被查封、扣押或者冻结；（4）基础资产发生对债务融资工具持有人权益有重大不利影响的其他事项。

第七章　关键协议文件

资产支持票据注册文件除了包含一般债务融资工具注册文件外，依据交易结构和发行方式的不同，可能涉及其他相关文件。资产支持票据主要协议文件为：

1. 资产支持票据的定向发行协议；
2. 资产支持票据的基础资产质押协议；
3. 资产支持票据的资金监管协议；
4. 资产支持票据的账户质押协议。

本章将与实例相结合，介绍以上几个协议文件的主要内容。

第一节　资产支持票据定向发行协议

鉴于目前资产支持票据主要以非公开定向方式发行，故发行人和定向投资人之间通过签订定向发行协议的方式确定相关的权利义务关系。

资产支持票据定向发行协议（以下简称定向发行协议）是根据《银行间债券市场非金融企业资产支持票据指引》（以下简称《资产支持票据指引》）各项条款的具体规定，通过协议的方式向投资人披露发行人的经营状况信息和基础资产的相关信息。《资产支持票据定向发行协议》整体框架列示如表7－1所示：

表7－1　　　　《资产支持票据定向发行协议》整体框架

资产支持票据定向发行协议	扉页、目录、释义
	总则
	风险提示及说明

续表

资产支持票据定向发行协议	发行条款及发行安排
	募集资金用途
	基础资产情况
	交易结构
	信用增级（如有）
	现金流预测情况
	现金流归集与管理机制、投资（如有）及分配机制
	信息披露安排
	发行人及投资人的权利和义务
	投资者保护机制
	保密义务
	协议的生效与终止
	声明、保证和承诺
	1. 发行人具体情况 2. 投资人名单

资产支持票据定向发行协议至少应包括扉页、目录、释义等基本要素，以及总则、风险提示及说明、发行条款及发行安排、募集资金用途、基础资产情况、交易结构、现金流预测情况、现金流归集与管理机制、投资及分配机制、信息披露安排、发行人及投资人的权利和义务、投资者保护机制、保密义务、协议的生效与终止、声明、保证和承诺、附件等主要内容。

本节将根据《资产支持票据定向发行协议》整体框架，挑选定向发行协议中较为复杂和特殊的章节，结合具体案例进行分析。

一、扉页、目录、释义

扉页中应包括：发行人和基础资产提供人关于基础资产真实、有效、合法合规的声明；发行人和基础资产提供人保证基础资产不存在任何权利瑕疵，未设定任何权利限制，不将基础资产作任何债权债务抵消；发行人和基础资产提供人关于以基础资产形成的现金流偿还资产支持票据本息，不会损害基础资产提供人其他债权人的声明。

二、风险提示及说明

披露资产支持票据特有风险：基础资产及交易结构风险，主要指基础资产经营风险、基础资产现金流评估预测偏差风险、基础资产现金流不足风险、交易结构法律风险及流动性风险、利率风险等。

案例

1. 基础资产相关风险提示

经济周期波动、行业竞争、道路养护和自然灾害等原因将可能直接导致公司车辆通行费收入下降，从而对公司经营业绩产生不利影响；收费标准变动、收费价格受限、油价和税费波动等政策原因，将对发行人的未来发展产生重大影响。

×××资产评估有限公司出具的《×××高速公路有限公司拟发行资产支持票据需要所涉及盱眙至宿迁段高速公路收费权价值评估资产评估报告书》是本期资产支持票据品种设计和定价的前提，若由于不可控制的因素如市场环境发生变化或政策出现调整，可能导致基础资产经营产生的现金流与评估预测的存在偏差，从而影响本期资产支持票据的投资价值。

资产支持票据到期时发行人因经营原因导致实际现金流不足以归还资产支持票据本息，将会影响到本期资产支持票据的按期兑付本息。

2. 交易结构风险提示

本期资产支持票据设计了符合自身特点的交易结构，虽然此交易结构已经得到了定向投资人的认可，但由于参与方较多，会存在一定的法律风险。

三、基础资产情况

基础资产符合法律法规规定，权属明确，能够产生稳定、可预测现金流的有关情况。基础资产为债权的，需关注采取何种措施防止第三方获得该资产权属从而影响投资人合法权益。

基础资产现金流来源于原始权益人未来经营性收入的，需关注作为基础资产的财产权利是否可以办理变更登记手续（目前高速公路收费权可以办理质押登记），或通过其他公示及特定化手段使基础资产产生的现金流作为偿付支持可对抗第三人。

基础资产无附带抵押、质押等担保负担或其他权利限制的有关情况。详细披露基础资产的实际经营情况、运营模式、相关协议、有无政府支持情况。

关注基础资产在法律层面如何界定，是否有法律法规依据。关注形成该基础资产的法律要件（如必备的证书、许可、文件等）是否已具备，原始权益人是否可据此合法拥有基础资产，及披露基础资产提供人的具体信息。

案例

×××高速公路全长247.5公里，其中，××段125公里，该路段是由江苏省高速公路指挥部建设，于2001年12月7日建成通车，××段95公里，于2003年9月27日建成通车，××段27.5公里，于2008年8月26日建成通车。高速公路建成后，江苏省物价局、财政厅和交通厅联合发文《关于宁宿段开征车辆通行费的通知》，由×××公司负责管理征收通行费。经江苏省物价局、江苏省财政厅和江苏省交通厅批复核定收费至2033年。

本次拟发行资产支持票据的标的资产为×××高速公路中××段的收费权，该段全长125公里，于2001年12月7日建成通车，下设8个收费站，3个服务区，3个养排中心。2011年该段通行费收入30 912万元，2010年该路段通行费收入为31 072万元，2009年该路段通行费收入为25 385万元。根据现金流评估报告，未来5年的现金流量见表7－2。

表7－2　　×××高速公路中××段未来5年的现金流量表　　单位：万元

年份	2013	2014	2015	2016	2017	合计
收入	40 195.98	45 261.18	52 616.48	61 311.62	67 442.90	266 828.16

从以上数据可以看出，该段路的通行费现金收入稳定，且逐年递增，预计未来5年之内的通行费收入将达到26.68亿元，可以完全覆盖资产支持票据本息。

目前该段路的收费权质押在监管银行，相应的贷款余额为4.5亿元，发行人用本期资产支持票据所募集资金归还该4.5亿元贷款，置换出×××高速公路中宿迁至盱眙段的收费权，用于本期资产支持票据的质押。

四、交易结构

定向协议应披露交易结构，详细披露本期资产支持票据基础资产的交易运作方式、风险隔离手段和效果、基础资产抵质押情况（如有）、资金归集账户监管情况，以及主要交易文件的摘要，如专户质押协议、应收账款质押协议、资金监管协议等。

案例

本期资产支持票据交易结构如图7－1所示：

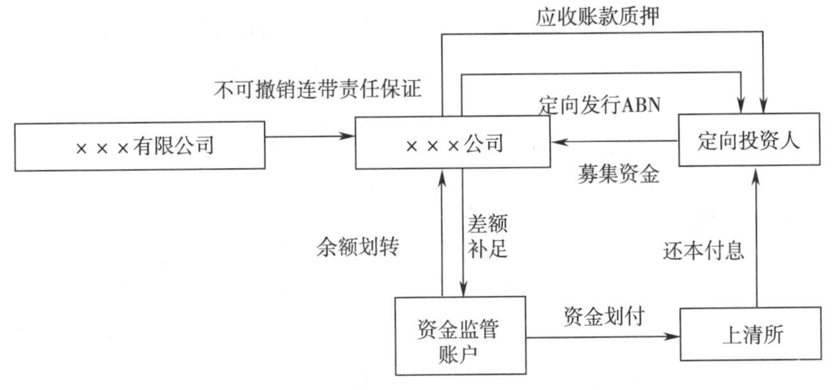

图7－1　本期资产支持票据交易结构图

交易结构说明

(1) 交易概述

①"×××公司"和"定向投资人"签署"《定向发行协议》",约定"×××公司"作为"发行人"采用非公开定向发行方式发行"×××高速公路有限公司2013年度第一期资产支持票据"(资产支持票据/本期资产支持票据)。发行成功后,"×××公司"按照《定向发行协议》约定的期限向"资产支持票据持有人"支付"资产支持票据"本息。

②"×××公司"将"×××高速公路盱眙至宿迁段收费权"作为"基础资产",其现金流作为第一还款来源,通过专户管理的方式,优先用以支持"资产支持票据持有人"的本息偿还。当"基础资产"现金流不足以偿付本息的,由发行人进行补足。当发行人无法进行补足时,由江苏交通控股有限公司履行第三方不可撤销连带责任保证代发行人偿付包括本息不足部分在内的全部债务。

③"发行人"应当按照《定向发行协议》的约定按时、足额向"资产支持票据持有人"支付"资产支持票据"本息,"资产支持票据持有人"(作为债权人)按照《定向发行协议》享有要求"发行人"偿还"资产支持票据"本息的债权。为担保"发行人"在《定向发行协议》项下债务的履行,"发行人"同意以其持有的"×××高速××段收费权"为其在《定向发行协议》项下对债权人还本付息的全部债务向全体"资产支持票据持有人"提供应收账款质押担保。

凡投资"发行人"该期非公开定向资产支持票据的"资产支持票据持有人"视为接受"×××银行"代理其行使本期资产支持票据质押资产管理权利,"×××银行"同意接受"资产支持票据持有人"(作为债权人和质权人)的委托,按照《定向发行协议》的约定代理全体"资产支持票据持有人"行使本期"资产支持票据质押资产管理权利",为全体"资产支持票据持有人"的利益,按照《定向发行协议》的约定代理《应收账款质押合同》的签署、质押权设立/变更/注销登记以及质押权行使等相关事宜，除《定向发行协议》另有约定外，“资产支持票据持有人”不得单独行使质权。“×××银行”代理“资产支持票据持有人”行使本期“资产支持票据质押资产管理权利”的主体由“×××银行股份有限公司江苏省分行直属支行”（以下简称“×××江苏直属支行”）担任，“×××江苏直属支行”在中国人民银行征信中心应收账款质押登记公示系统上，将全体“资产支持票据持有人”作为债权人和质权人等相关质押登记手续完成后，全体“资产支持票据持有人”将依法享有质权。

④“发行人”与“×××银行股份有限公司江苏省分行直属支行”（作为“监管银行”）签署《资金监管协议》，“监管银行”按照该协议的约定为“发行人”开立“监管账户”专项用于归集、监管“发行人”收取的用以支持“本期资产支持票据”偿还的“基础资产”现金流。“监管账户”内的资金专项用于“本期资产支持票据”的本息兑付。

⑤“发行人”委托“登记托管机构”提供“资产支持票据”的登记托管服务，委托“支付代理机构”提供“资产支持票据”的代理本息兑付服务。

（2）主要交易文件摘要

应收账款质押合同：出质人为债务人清偿其在主合同项下所欠债权人的全部债务提供质押担保。质押担保债项本金为【1 000 000 000.00】元。本合同项下质押效力除及于质押财产本身外，还及于质押财产的从物、从权利、孳息及其代位物。出质人确认，出质人对主债权承担连带担保责任，债权人对质押财产有第一顺位的优先受偿权。

资金监管协议：发行人按照《资产支付票据非公开定向发行协议》的规定，委托×××银行股份有限公司江苏省分行直属支行担任资产支付票据存续期间的资金监管机构。发行人在×××银行股份有限公司江苏省分行直属支行开设基础资产收款账户，接收和管理因交易合同所合法享有的全部基础资产所产生的全部现金收入。

账户质押协议：出质人作为质押财产的唯一合法权利人，为担保其在《发行协议》和《应收账款质押合同》项下的债务履行，而根据本合同为质权人在质押财产上设定质权。出质人应促使开户银行将质押账户中质押财产按期足额支付至指定的偿付账。出质人应及时、全面、勤勉地履行其在质押账户下的义务，且在质押账户项下出现违约事件时，按照约定尽力补救或采取相关措施确保质权代理人收取质押财产的权利不受损害。出质人不得从质押账户中提取款项。

五、现金流预测情况

基础资产未来现金流预测情况或收益分析，包括不限于资产评估及现金流预测的前提假设条件、现金流预测及分析方法等。

案例

×××资产评估有限公司出具了《×××高速公路有限公司拟发行资产支持票据需要所涉及盱眙至宿迁段高速公路收费权价值评估资产评估报告书》。现摘要如下：

（1）评估目的

×××高速公路有限公司拟发行资产支持票据的需要，委托×××资产评估有限公司对盱眙至宿迁段高速公路收费权价值评估，为盱眙至宿迁段高速公路收费权市场价值，提供价值参考依据。

（2）评估对象与评估范围

评估对象和评估范围为×××高速公路有限公司委估的盱眙至宿迁段高速公路收费权，收费许可证证号为：32008203600，有效日期为2012年5月至2015年5月，根据江苏省物价局、江苏省财政厅、江苏省交通厅联合发布的苏价服〔2001〕333号、苏财宗〔2001〕162号、苏交财〔2001〕144号文“关于盱眙至宿迁段开征车辆通行费的通知”和江苏省人民政府办公厅文件苏政办发〔2004〕89号“省政府办公厅关于重新核定公路收费站点收费年限和收费标准的通知”，核定收费年限至2031年12月止。

（3）价值类型

本次评估选取了市场价值类型。

（4）评估基准日

本次选定的评估基准日为 2012 年 12 月 31 日。

（5）评估方法

本次对×××高速公路有限公司在评估基准日时的委估无形资产的价值采用了收益法进行评估。

（6）评估结论

于评估基准日，×××高速公路有限公司委估盱眙至宿迁段收费权的评估价值为 105 600.00 万元，人民币大写为壹拾亿伍仟陆佰万元整。基础资产无附带抵押质押等担保负担或其他权利限制。评估结论详细情况见资产评估结果明细表。

本资产评估报告结论使用有效期为一年，自评估基准日 2012 年 12 月 31 日起计算，至 2013 年 12 月 30 日止。

六、信息披露安排

信息披露安排中需要明确信息披露的标准和方式、披露时间、披露内容、重大事项信息披露、存续期内定期信息披露、本息兑付事项。在资产支持票据存续期内，定期披露基础资产的运营报告。

案例

1. 发行情况的信息披露

债权债务登记日后第 1 个工作日，发行人向定向投资人披露当期资产支持票据实际发行规模、期限、利率等相关信息。

2. 存续期内定期信息披露

在本期资产支持票据存续期间，发行人将于每年 4 月 30 日以前，向定向投资人披露上一年度的年度报告和审计报告。

在本期资产支持票据存续期间，发行人每年 8 月 31 日以前，向定向投资人披露本年度上半年的资产负债表、利润表和现金流量表；

在本期资产支持票据存续期间，发行人每年4月30日和10月31日以前，向定向投资人披露本年度第一季度和第三季度的资产负债表、利润表及现金流量表。

第一季度信息披露时间不得早于上一年度信息披露时间。

在本期资产支持票据存续期间，定期披露基础资产的运营报告。

3. 重大事项披露

发行人将严格按照中国银行间市场交易商协会的相关规定，在本期资产支持票据存续期间，发行人发生可能影响其偿债能力的重大事项时，应在两个工作日内向定向投资人披露。

下列情况为前款所称重大事项：

（1）企业名称、经营方针和经营范围发生重大变化；

（2）企业生产经营的外部条件发生重大变化；

（3）企业涉及可能对其资产、负债、权益和经营成果产生重要影响的重大合同；

（4）企业发生可能影响其偿债能力的资产抵押、质押、出售、转让、划转或报废；

（5）企业发生未能清偿到期重大债务的违约情况；

（6）企业发生大额赔偿责任或因赔偿责任影响正常生产经营且难以消除的；

（7）企业发生超过净资产10%以上的重大亏损或重大损失；

（8）企业一次免除他人债务超过一定金额，可能影响其偿债能力的；

（9）企业三分之一以上董事、三分之二以上监事、董事长或者总经理发生变动；董事长或者总经理无法履行职责；

（10）企业做出减资、合并、分立、解散及申请破产的决定，或者依法进入破产程序、被责令关闭；

（11）企业涉及需要说明的市场传闻；

（12）企业涉及重大诉讼、仲裁事项；

（13）企业涉嫌违法违规被有权机关调查，或者受到刑事处罚、重大行政处罚；

企业董事、监事、高级管理人员涉嫌违法违纪被有权机关调查或者采取强制措施；

（14）企业发生可能影响其偿债能力的资产被查封、扣押或冻结的情况；企业主要或者全部业务陷入停顿，可能影响其偿债能力的；

（15）企业对外提供重大担保。

其中：存续期间发生下列情形的，应当及时向资产支持证券投资者披露，并向协会报告：

① 未按约定支付收益；

② 资产支持证券信用等级发生不利调整；

③ 基础资产的运行情况或产生现金流的能力发生重大变化；

④ 特定原始权益人、管理人、托管人或者基础资产涉及法律纠纷，可能影响按时票据本息支付；

⑤ 特定原始权益人、管理人、托管人等相关机构违反合同约定，对资产支持票据投资者利益产生不利影响；

⑥ 特定原始权益人、管理人、托管人等相关机构的经营情况发生重大变化，或者作出减资、合并、分立、解散、申请破产等决定，可能影响资产支持证券投资者利益；

⑦ 管理人、托管人、资信评级机构等相关机构发生变更；

⑧ 特定原始权益人、管理人、托管人等相关机构信用等级发生调整，影响资产支持票据投资者利益；

⑨ 可能对资产支持票据投资者利益产生重大影响的情形。

4. 付息兑付披露

本息兑付日前 5 个工作日，发行人应依照本协议第六章第五项规定的方式在交易商协会认可的网站以公告的方式向定向投资人进行信息披露。如有关信息披露管理制度发生变化，发行人将依据其变化对信息披露作出调整。

本章所要求的信息已由发行人通过交易商协会认可的网站以公告的方式披露的，可不再向定向投资人披露具体内容。

5. 信息披露的方式

本协议约定的信息披露义务主体应通过交易商协会认可的网站以及交易商协会规定的其他方式向资产支持票据持有人进行相关的信息披露。信息披露义务主体应保证信息披露真实、准确和完整，不得有虚假记载、误导性陈述和重大遗漏。

七、投资者保护机制

投资者保护机制中需明确违约事件、违约责任、资产支持票据持有人会议制度、债项评级下降的应对措施、基础资产现金流恶化或其他可能影响投资者利益等情况的应对措施、基础资产现金流与预测值偏差的处理机制、基础资产权属争议的解决机制、资产支持票据发生违约后的债权保障和清偿安排、债权代理人的代理权限、不可抗力等情况。

案例

为保证按期足额偿付资产支持票据，本公司制订了相应的偿债计划和保障措施。此外，资产支持票据的债权人还可以依据法律法规的规定和本定向发行协议的约定，以资产支持票据债权人会议的形式行使有关权利。

（一）发行人的违约事件及违约责任

1. 如果发行人未能根据本协议约定向投资人支付应付款项，发行人应就应付未付款项向投资人支付违约金；违约金自违约之日起，按应付未付款金额的日万分之五计算，直至实际付清之日止。

2. 如果发行人违反本协议有关约定（包括但不限于发行人在本协议第十章所作出的声明、保证与承诺以及信息披露、募集资金按约使用等）及《银行间债券市场非金融企业债务融资工具管理办法》等交易商协会相关自律规范文件的规定，均视为发行人违约，应充分赔偿由此给投资人造成的实际损失。

（二）投资人的违约事件及违约责任

1. 在发行人不存在任何违约行为的情形下，如果收到《配售缴款通知书》的投资人未能根据本协议约定向发行人支付募集资金，投资人除应立即履行相应缴款义务外，还应就应付未付款项向发行人支付滞纳金；滞纳金自违约之日起，按应付未付款金额的日万分之五计算，直至实际付款之日止。若经发行人或主承销商催告，该投资人在约定缴款日后的3个工作日内仍未履行缴款义务的，发行人和主承销商有权将该投资人认购的本期资产支持票据额度转让给其他定向投资人，并追究该投资人给发行人及主承销商造成的直接损失。

2. 如果投资人违反本协议有关约定及《银行间债券市场非金融企业债务融资工具管理办法》等交易商协会相关自律规范文件的规定，投资人应赔偿由此给发行人造成的直接损失。

3. 任一投资人在本协议下的义务各自独立，任一投资人对于因其他投资人的违约行为、采取的行动或提出的意见而给发行人造成的任何实际损失，均不承担任何连带责任。

（三）投资人保护机制

1. 资产支持票据持有人会议制度

（1）在本期资产支持票据存续期间，出现《银行间债券市场非金融企业债务融资工具持有人会议规程》等交易商协会自律规范文件所规定的相关情形以及发行人发生的前述情势变更的相关情形后，主承销商应按自律规范文件的规定召集资产支持票据持有人会议。

（2）资产支持票据持有人会议的召集、召开、表决程序和决议，按交易商协会相关自律规范文件的规定执行。

（3）对资产支持票据持有人会议的决议有效性及执行发生争议，按本协议适用法律及争议解决机制的约定解决。

2. 债项评级下降的应对措施

本期资产支持票据及发行人主体未进行信用评级。根据中诚信国际信用评级有限责任公司2012年8月14日出具的《江苏交通控股有限公司2013年度第一期中期票据信用评级报告》，本期资产支持票据第三方不可撤销连带担保责任人江苏交通控股有限公司主体信用等级为AAA，评级展望为稳定。当评级机构给予本期资产支持票据担保人评级下降时，主承销商有权召集资产支持票据持有人会议，由资产支持票据持有人大会商讨应对措施。

3. 基础资产现金流恶化或其他可能影响投资者利益等情况的应对措施

（1）应立即通知定向投资人、主承销商。主承销商有权暂缓或停止发行事宜，并按法律及交易商协会相关自律规范文件、债务融资工具发行相关文件的约定采取措施。

（2）如债券已发行，主承销商及时将相关事项通知投资人，并应投资人的要求决定是否召开债券持有人大会。

（3）投资人大会决定是否要求发行人提供额外担保或其他补救措施。

4. 基础资产现金流与预测值偏差的处理机制

基础资产产生的实际现金流如小于预测值，应立即通知主承销商和定向投资人。主承销商应对实际现金流进行估算，如不能满足债券还本付息要求则可要求资产评估机构重新评估并将评估结果通知债券持有人。债券持有人可要求发行人提供额外担保或其他补救措施。

5. 基础资产权属争议的解决机制

（1）如基础资产发生权属争议，则争议双方应积极协商解决，协商不一致，双方应按照相关文件的约定处理。

（2）基础资产权属争议的解决期间，发行人仍应按照本协议约定向定向投资人按期足额履行本期资产支持票据还本付息义务。

6. 资产支持票据发生违约后的债权保障和清偿安排

债权保障

发行人如未按照本协议约定按期足额履行本期资产支持票据还本付息义务，则监管银行将代表全体定向投资人的利益采取下列保障措施：

（1）追究发行人的违约责任

监管银行有权代表全体定向投资人根据本协议第十七章的规定向发行人追究违约责任，维护资产支持票据持有人的合法权益。

（2）行使担保权利

监管银行有权代表全体定向投资人根据《应收账款质押合同》的规定行使质权。

（3）更换监管银行

如资产支持票据违约是由于监管银行未按《资金监管协议》的约定将监管账户内资金划付至代理兑付机构的账户或是由于可归咎于监管银行原因产生，则定向投资人有权根据《定向发行协议》的约定更换监管银行。

（4）协商/仲裁

监管银行有权代表全体定向投资人与发行人进行友好协商解决。若不进行协商或协商未果，则监管银行有权向中国国际经济贸易仲裁委员会提起仲裁。

（5）其他

主承销商可根据《银行间债券市场非金融企业债务融资工具持有人会议规程》的规定召集全体资产支持票据持有人大会，由资产支持票据持有人会议决议启用其他债权保障措施。

清偿安排

（1）发行人因本期资产支持票据违约而支付的清偿资金应按以下顺序（同一顺序按照各项金额比例）进行清偿：①实现债权与担保权利（如有）而发生的费用以及发行人应支付的其他款项；②发行人因违约而产生的违约金；③罚息、复利（如有）；④本期资产支持票据应付未付利息；⑤本期资产支持票据应付未付本金。

（2）如果发行人破产，监管银行有权代表全体定向投资人，根据《破产法》及本协议第九章第三条的约定参与发行人的破产程序、申报债权，并就质押的应收账款在担保范围内享有优先受偿的权利，维护定向投资人债权的实现。

7. 监管银行的职责和监管权限

（1）担保权利的管理与行使

代理全体定向投资人/资产支持票据持有人统一接受和行使资产支持票据持有人在《应收账款质押合同》或其他担保合同（如有）项下的担保权利等相关事项，包括但不限于签订担保合同、办理担保登记手续、行使担保权利等。

（2）债权管理

① 在发行人违约或可能影响债权人权利的事件发生时，监管银行有权依法采取一切正当合理的措施，维护资产支持票据持有人的合法权益，包括但不限于：要求发行人追加担保；依法申请法定机关对发行人采取财产保全措施、提起诉讼或仲裁；依法代理资产支持票据持有人提起或参加有关发行人的破产诉讼、申报债权、出席债权人会议及其他与破产诉讼相关的活动等。

② 根据本协议第十七章的约定追究发行人的违约责任。

除非资产支持票据持有人大会另行通过有效决议或监管银行怠于行使前述权利，资产支持票据持有人不得单独行使前述权利。

（3）监督发行人

① 在本期资产支持票据存续期间，监管银行有权对发行人发行本期资产支持票据所募集资金的使用进行监督。若发行人不按本协议的约定使用募集资金，监管银行应于知道或应当知道之日起1个工作日内告知全部资产支持票据持有人。

② 监管银行与发行人签署《资金监管协议》，监管银行应按照《资金监管协议》的约定对基础资产产生的现金流进行归集和监管。

（4）资产支持票据持有人会议授权的其他事项。

（四）不可抗力

1. 不可抗力是指本资产支持票据计划公布后，由于当事人不能预见、不能避免并不能克服的情况，致使资产支持票据相关责任人不能履约的情况。

2. 不可抗力包括但不限于以下情况：

（1）自然力量引起的事故如水灾、火灾、地震、海啸等；

（2）国际、国内金融市场风险事故的发生；交易系统或交易场所无法正常工作；

（3）社会异常事故如战争、罢工、恐怖袭击等。

3. 不可抗力事件的应对措施

（1）不可抗力发生时，本公司或主承销商应及时通知投资者及资产支持票据相关各方，并尽最大努力保护资产支持票据投资者的合法权益；

（2）本公司或主承销商应召集资产支持票据投资者会议磋商，决定是否终止资产支持票据或根据不可抗力事件对资产支持票据的影响免除或延迟相关义务的履行。

（五）弃权

任何一方当事人未能行使或延迟行使本文约定的任何权利，或宣布对方违约仅适用某一特定情势，不能视作弃权，也不能视为继续对权利的放弃，致使无法对今后违约方的违约行为行使权利。任何一方当事人未行使任何权利，也不会构成对对方当事人的弃权。

目前，资产支持票据都是私募发行，交易商协会已经着手梳理资产支持票据公募发行的表格体系，预计资产支持票据公募发行将在不远的将来有所突破。

第二节　资产支持票据资金监管协议

资金监管协议是一项不可或缺的核心交易文件，任何资产支持票据均离不开资金监管协议。资金监管协议的核心作用在于对基础资产的现金流进行监督和管理，防止资产支持票据发行人或基础资产原始权益人违背资产支持票据的发行条款的约定，使用基础资产产生的现金流。资金监管协议至少应当对监管账户的设立、资产支持票据发行人和基础资产原始权益人的基本义务与责任、监管银行的基本职责，以及各方的违约责任作出明确的约定。

一、资金监管协议的签署机构

资金监管协议签署机构是资产支持票据发行人和监管银行。如果资产支持票据发行人与基础资产原始权益人不是同一家机构，则需要基础资产原始权益人作为协议一方签署资金监管协议。如果基础资产原始权益人不止一家机构，则所有的基础资产原始权益人均应当作协议一方签署资金监管协议。

虽然资产支持票据持有人不会事实上签署资金监管协议，但是在法律上，监管银行系资产支持票据持有人确定的，接受资产支持票据持有人的委托对基础资产未来产生的现金流进行监管。因此，资产支持票据持有人有权更换监管机构，资金监管协议不得作出剥夺或不允许资产支持票据持有人更换监管机构的约定。

二、监管账户的开立与授权

资金监管账户原则上应当以资产支持票据发行人的名义开立，账户的性质应当是普通存款账户，不可以开立为结算账户或其他功能的银行账户。但是，如果基础资产原始权益人与资产支持票据发行人不是同一家机构时，也可以基础资产原始权益人的名义开立。不过，如果基础资产原始权益人为两家以上，为了监管的便利，最好是以资产支持票据发行人名义开立。

开立资金监管账户的目的在于存放基础资产产生的现金流，并最终根据资产支持票据本息偿付的需要将账户项下的资金划付至资产支持票据发行人开立的资产支持票据本息偿付账户。因此，资金监管协议必须对监管账户内资金的处置权利作出明确的约定，不得不作约定，或含糊约定基础资产原始权益人或监管银行均可以支配账户内的资金。实践当中，通常的做法是要求资产支持票据发行人或基础资产原始权益人无条件、不可撤销地授权监管银行按照该银行的资金监管管理规定对监管账户进行管理，并授权监管银行不经通知资产支持票据发行人或基础资产原始权益人而直接按照资产支持票据发行条款的约定，划付监管账户内的资金。

三、资金用途与资产支持票据发行人的基本义务

资金监管账户只能够用于存放基础资产形成的现金流。如果资产支持票据的发行条款设置了流动性支持或差额不足等信用增进措施，资金监管账户也可以用于存放资产支持票据发行人因承担信用增进义务而提供的现金流。不过，从法律和实际经济效果的角度考虑，发行人履行信用增进义务所形成的现金流还是以存放在另外一个专设账户比较合适。

资产支持票据发行人或基础资产原始权益人能否使用基础资产形成的现金流，在传统的以“真实出售”为基础的金融资产证券化交易中是非常清楚的，即基础资产产生的资金不属于基础资产原始权益人，不得交予其使用。但是，对于以非金融资产作出基础资产的证券化产品，特别是基础资产原始权益人未将基础资产按照公平合理的价格真实出售的情况下，基础资产现金流的使用就成为一个突出的问题。就资产支持票据而言，我国当前实践并不禁止基础资产原始权益人使用基础资产形成的现金流。但是，通常会对此作出限制性约定，即基础资产产生的现金流必须进入资金监管账户，且只有在监管银行书面同意的情况下发行人或原始权益人才可以使用监管账户内的资金。这是资产支持票据发行人或原始权益人所承担的一项基本义务，资金监管协议必须对此作出明确约定。

此外，资金监管协议还可以在资产支持票据发行条款的基础上进一步要求基础资产原始权益人承担通知基础资产交易对方（债务人），将基础资产产生的全部现金收入直接支付至监管账户。

四、监管银行的基本义务

监管银行的基本职责就是确保及时将监管账户内的资金划付至发行人为偿付资产支持票据本金或利息而开立的银行账户。如果允许发行人或基础资产原始权益人使用监管账户内的资金，则监管银行还应当审查发行人或基础资产原始权益人提出的使用要求是否符合资产支持票据发行条款设定的使用条件和资金用途。如果发行人或基础资产原始权益人提出的使用要求不符合资产支持票据发行条款设定的使用条件和资金用途，则监管银行必须拒绝将监管账户内的资金划出。

另外，在资产支持票据设定了现金流储备事件或其他基础资产现金流生成情况衡量标准的情况下，监管银行可能还需要承担相应的通知义务和资金划付义务。对此，资金监管协议也应当作出明确约定。特别是，如果需要监管银行将资产支持票据发行人或原始权益人在监管银行开立的其他银行账户中的资金划付至资金监管账户时，监管银行必须严格履行此义务，否则将面临对资产支持票据投资人赔偿责任。

五、现金流储备事件与资金监管措施

资产支持票据的发行文件，特别是发行条款通常都会对设定诸如现金流储备事件之类的衡量基础资产现金流形成情况的触发事件，并同时约定了解决措施和方案。在这些解决措施当中，通常会要求资金监管银行承担一定程度的监督或通知义务。实践当中，对于发行文件设定的现金流储备事件等情形下监管机构的职责，通常会在资金监管协议中再次作出约定。

六、资金监管协议的违约责任

任何签署资金监管协议的机构违反了协议约定，不仅需要向协议的其他签署方承担违约责任，还可能要对资产支持票据持有人承担赔偿责任。从目前的实践来看，资金监管协议通常只约定协议签署各方之间的违约责任。不过，对于监管银行而言，特别需要注意的是，即使资金监管协议没有约定对资产支持票据持有人的违约责任，但是如果监管银行疏忽行使监管职责，导致未及时将监管账户内的资金划付至发行人开设的资产支持票据本息偿付账户，资产支持票据持有人依然可以依据发行文件追究其法律责任。

七、资金监管协议的生效时间

实践当中，资金监管协议均在发行人向中国银行间市场交易商协会提交资产支持票据注册申请之前签署完毕。但是，此签署并不意味着资金监管协议在签署之际就已经生效。根据我国合同法的相关规定，资金监管协议的当事人可以在协议中约定资金监管协议的生效时间。通常情况下，资金监管协议的生效时间为资产支持票据发行成功发行完毕之日。

第三节 资产支持票据基础资产质押协议

基础资产质押协议是资产支持票据的一项重要交易文件。对于那些可以依法予以质押的基础资产，赋予资产支持票据持有人以质权，可以更好地保护其合法利益，也可能有助于资产支持票据取得更高的债项信用等级。质押协议是设立质权的法定要求，质押协议至少应当对出质人、质权人、质物、质押担保范围和质权的设立作出明确要求。考虑到目前实践当中以应收账款作为基础资产的情形比较多，下文将重点介绍应收账款的质押协议。

一、质押的意义与质物的范围

我国物权法设定了动产质押和权利质押。动产质押指债务人或者第三人将其动产移交债权人占有，将该动产作为债权的担保。债务人不履行债务时，债权人有权依照本法规定以该动产折价或者以拍卖、变卖该动产的价款优先受偿，权利质押则是将具备财产价值的权利作为债权的担保，但不将权利移交给债权人占有。可作为质物的权利包有债权、可转让的基金份额、股权、可转让的注册商标专用权、专利权及著作权中的财产权、可转让的应收账款，以及以汇票、支票、本票、债券、存款单、仓单、提单、法律行政法规规定可转让的其他财产权。

特别需要说明的是，我国物权法仅简单规定了应收账款可以作为质物，但是却未对应收账款的范围和法律特征作出界定。根据中国人民银行颁布的《应收账款质押登记办法》（2007 年 9 月 26 日第 21 次行长办公会议通过，自 2007 年 10 月 1 日起施行）应收账款是指权利人因提供一定的货物、服务或设施而获得的要求义务人付款的权利，包括现有的和未来的金钱债权及其产生的收益，但不包括因票据或其他有价证券而产生的付款请求权。具体而言，下列权利均可以质押：1. 销售产生的债权，包括销售货物，供应水、电、气、暖，知识产权的许可使用等；2. 出租产生的债权，包括出租动产或不动产；3. 提供服务产生的债权；4. 公路、桥梁、隧道、渡口等不动产收费权；5. 提供贷款或其他信用产生的债权。

二、质押协议的签署机构

从一般法律理论的角度看，质押协议签署人至少应当包括出资人（质物的所有人）和质权人。至于质押所担保之债的债务人，则不是必需的。但是，对于资产支持票据这种特殊金融产品，资产支持票据持有人作为债权人，并不是固定不变，而是随着资产支持票据的交易而不断发生变化。因此，事实上难以做到要求出资人与每一个资产支持票据持有人签署质押协议。在发达资本市场国家，往往通过法律的方式来解决这个问题，但我国现行法律尚未涉及这个问题。因此，如何解决这个问题，以及解决措施的法律后果究竟如何，尚有待进一步的探索。

就目前的实际情况来看，多采用代理人的方式来解决，即资产支持票据持有人通过资产支持票据发行文件来委托一家机构作为全体持有人的代理人，与出资人（基础资产原始权益人）签署质押协议。但是，对于质权代理人而言，也可以成为质押代理或担保代理人，其能够行使权利的范围则取决于资产支持票据发行文件的约定。比如，质权代理人能否因基础资产原始权益人违反质押协议而宣布资产支持票据发行人违约。就我国目前的实践情况来看，担任质权代理人的机构均是资产支持票据的主承销机构，该机构往往同时也会担任资金监管银行。

三、质押协议的主要内容

根据我国担保法和物权法的相关规定，质押协议的内容一般应当包括被担保债权的种类、数额、债务履行期限、质物的名称和价值、质物的所有人等。应收账款质押合同的担保范围资产支持票据本金、利息、罚息、违约金、损害赔偿金、提前终止损失金、质权代理人为实现债权而发生的费用，包括诉讼费、仲裁费、保全费、公告费、评估费、鉴定费、拍卖费、差旅费、律师费等。

为确保质权的稳定性，应收账款质押合同中通常会对被担保债权变更对质权的影响作出约定。例如，出质人与质权代理人约定，在资产支持票据转让或资产支持票据发行文件和发行条款变更等情形下，如果未加重出质人责任，则无须经出质人同意，质权代理人在资产支持票据应收账款质押合同项下的权利和权益将不受该等变更的影响。

另外，为确保质权的顺利实现，应收账款质押合同中通常会约定在发生处分质押财产的情形时质押财产的处分方式。例如：质权代理人要求被质押应收账款的付款义务人将其应付款项直接支付至质权代理人指定账户。

四、质权的设立

质押协议的签署只是质权设立过程中一个核心环节，质权设立尚需在质押协议签署后履行一系列的法律程序才能够确保债权人合法享有质权。根据我国现行法律规定，以基金份额或股权出质的，质权自证券登记结算机构办理出质登记时设立。以其他股权出质的，质权自工商行政管理部门办理出质登记时设立。以注册商标专用权、专利权、著作权等知识产权中的财产权出质的，质权自有关主管部门办理出质登记时设立。以应收账款出质的，质权自信贷征信机构办理出质登记时设立。以汇票、支票、本票、债券、存款单、仓单、提单出质的，质权自权利凭证交付质权人时设立；没有权利凭证的，质权自有关部门办理出质登记时设立。

就应收账款而言，我国担保法和物权法对于其设立程序并未作出相应的规定。中国人民银行颁布的《应收账款质押登记办法》规定，中国人民银行征信中心建立应收账款质押登记公示系统，办理应收账款质押登记，并为社会公众提供查询服务。因此，资产支持票据发行结束后，资产支持票据的质权代理人还应当按照中国人民银行的要求，在登记公示系统办理应收账款的质押登记。

另外，资产支持票据中可能出现的公路收费权、污水处理费或其他形态的，上述中国人民银行《应收账款质押登记办法》未包含的财产权利，如果设立质权，也需要根据相关法律的规定办理质押登记。对于这些质押登记的要求，除了资产支持票据发行文件作出相应约定外，质押协议也应对此明确约定。

五、质权与其他担保权利的行使顺序

有时候，资产支持票据的发行人可能会为提供多种形式的担保措施，以提高资产支持票据的债项信用等级。如果出现这种情况，质押协议与其他担保协议中均应当对资产支持票据持有人享有的各项担保权利的行使顺序和担保范围作出明确约定。否则，资产支持票据持有人的利益可能因此受损。通常情况下，各担保协议均会约定，担保人承担连带担保责任，资产支持票据持有人可以向任何一个担保人行使担保权利。

第四节　资产支持票据账户质押协议及其他增信文件

为了保护资产支持票据投资人的利益，提高资产支持票据的债项信用等级，资产支持票据发行人处理提高基础资产、设立资金监管账户外，还可以提供多种形式的担保措施或非担保性质的信用增进措施。比如，账户质押、第三人保证、流动性支持，甚至是财产抵押。不过，考虑到资产支持票据对基础资产现金流的要求，不宜将财产抵押作为唯一的担保措施。

一、账户质押协议

账户质押是指账户的开户人（权利人）以账户作为质物，承诺将账户内的资金作为债务偿还的担保。有人将账户质押理解为中国法律语境下的金钱质押，司法实践中一般认为只有实现账户和账户内资金的“特定化”，账户质押才能够获得法律上的担保效率，即账户质押的质权人对于账户内的资金享有优先受偿权。如果账户内的资金可以自由流动，特别是不仅可以自由流进，而且可以自由流出，则难以取得司法机构的认可。因此，在资产支持票据发行人要求使用基础资产形成的现金流的情况下，资产支持票据项下的资金监管账户将难以作为账户质押的质物。因此，实践当中往往需要以发行人的名义另外开设一个银行账户，质押给资产支持票据的持有人，该账户内的资金“只进不出”。

资产支持票据账户质押协议由资产支持票据发行人与资产支持票据持有人通过发行文件委托的质权代理人签署，该账户用于存放来自资金监管账户的资金，专项用来偿付资产支持票据的到期本息。账户质押协议的担保范围包括资产支持票据本金总额及其利息、违约利息、违约金、损害赔偿金、费用以及所有为质权代理人承担的相关费用与支出。此外，为保证质权代理人充分行使其职权的能力，账户质押协议通常约定质权代理人无须任何进一步通知，有权随时以其自身名义，按其认为适当的时间、方式以及条款和条件，行使其在中华人民共和国的适用法律以及资产支持票据账户质押协议项下所有的权利和权力。

资产支持票据账户质押协议中，账户出质人与质权代理人之间需约定的事项，除一般协议条款外，建议对以下内容加以描述：

1. 质押事项（质权设定、质押账户、被担保债务、担保期间）。
2. 对质押财产的监督。
3. 出质人权利及义务。
4. 质权代理人的义务。

二、保证协议

保证是我国现行法律中一项主要担保方式。根据担保法的规定，我国的保证是指保证人和债权人约定，当债务人不履行债务时，保证人按照约定履行债务或者承担责任的行为。我国法律上的保证分为一般保证和连带责任保证。当事人在保证合同中约定，债务人不能履行债务时，由保证人承担保证责任的，为一般保证。一般保证的保证人在主合同纠纷未经审判或者仲裁，并就债务人财产依法强制执行仍不能履行债务前，对债权人可以拒绝承担保证责任。当事人在保证合同中约定保证人与债务人对债务承担连带责任的，为连带责任保证。连带责任保证的债务人在主合同规定的债务履行期届满没有履行债务的，债权人可以要求债务人履行债务，也可以要求保证人在其保证范围内承担保证责任。

虽然目前已有的实际案例中，还没有出现发行人之外的第三方机构提供保证的情况。但是，我国现行法律和交易商协会的资产支持票据业务指引并不限制第三人提供保证担保。需要注意的是，虽然理论上保证协议的基本内容与应收账款质押协议和账户质押协议基本一致，只是担保方式不同而已。但是，因为保证担保责任的设立不需要履行特定的登记程序，对于资产支持票据种类特殊形态的债权，可以不必安排保证人与担保代理人签署保证合同，保证人单方签署的保证承诺书也构成担保法上要求的保证合同。

另外，需要关注的一点是，国家机关不得为保证人；学校、幼儿园、医院等以公益为目的的事业单位、社会团体不得为保证人；企业法人的分支机构、职能部门不得为保证人。但是，企业法人分支机构可以在企业法人书面授权范围内提供保证。

三、流动性支持协议

资产支持证券这类结构化金融产品经常会使用流动性支持作为一项信用增进措施。因此，需要与提供流动性支持的机构签署流动性支持协议。不过，在资产支持票据的交易结构中，如果不存在结构性融资交易中通常使用的特殊目的机构，则难以找到合适的签署人。因此，实践中可以考虑不签署流动性支持协议，而是由流动性支持机构提供单方面的流动性支持书面承诺。或者，安排资产支持票据委托的代理机构与流动性支持提供机构签署协议。

我们在讲流动性支持协议时，所指向的流动性支持机构往往是指资产支持票据发行人以外的第三方机构。此时，需要注意的是，流动性支持义务的履行发生在资产支持票据违约之前，而担保责任履行则是发生在资产支持票据违约之后。流动性支持协议在设定流动性支持义务的触发条件时，不得将此二者予以混淆。

第八章　资产支持票据发展展望

交易商协会推出《指引》，是顺应市场需求、促进市场创新发展的有益探索，是提升企业存量资产利用效率、拓宽企业融资渠道、推动债务融资工具市场向纵深发展的重要举措。《指引》起草时充分考虑了我国资产证券化面临的实际法律环境和监管环境，在基础资产类型、产品结构设计等方面进行了包容性规定，为后续创新留足了空间。随着我国资产证券化相关法律、税收、会计和监管制度不断完善，金融市场功能分层不断深化，资产支持票据的产品形式和功能可进一步丰富和完善，将更好地发挥金融服务实体经济的作用。

第一节　资产支持票据的发展方向

资产支持票据推出时，充分借鉴了成熟市场资产支持证券的通行做法和国内资产证券化实践经验，并考虑了中国金融市场发展的实际需求和发展环境，《指引》重点对资产支持票据的基础资产类型、风险隔离、交易结构、信息披露、参与各方的权利义务等进行了规定，尤其强化了对资产支持票据投资人的合理保护机制。随着我国金融市场继续深化改革，同时在实践中逐步推动法律环境和监管环境变革，未来资产支持票据可在以下几个方面进一步创新和发展：

一、资产支持票据的交易结构将进一步丰富

从全球市场来看，不同国家和地区根据本国的法律环境和市场环境对资产证券化产品的交易结构进行了不同的探索和选择。例如，美国的

资产证券化产品以特殊目的载体（SPV）为核心实现表外融资的目的，SPV 的功能主要体现在以下两个方面：首先，SPV 与资产证券化各方当事人均发生法律关系，是资产证券化交易中的核心主体；其次，SPV 的设立能够避免投资人直接面临发起人的破产风险。在资产证券化最普及的美国市场，SPV 形态主要表现为特殊目的公司（SPC）和特殊目的信托（SPT），通过资产转让或信托方式实现风险隔离，这是与美国各州的法律环境相适应的。欧洲的全覆盖债券（Covered Bond）则是通过现金流专户管理和信托结构进行表内隔离，从而实现资产支持。

目前我国已经发行的资产支持票据多数采用的是账户隔离方式，实质上是用资金监管账户作为“特殊目的载体”的一种证券化方式。发行人在资金监管银行开立资金监管专户，通过签署《资金监管协议》的方式实现对基础资产的保护性隔离，明确约定基础资产的未来现金流直接进入资金监管专户，优先用于偿还资产支持票据本息。这种基于合同约定的资金监管方式，基本实现了基础资产现金流对资产支持票据投资人的优先受偿。此外，发行人与投资人还可以通过应收账款质押或账户质押进一步提供信用增进措施，在《物权法》等相关法律法规的保障下，应收账款质押以及账户质押等机制安排的信用支持效果明显。除账户隔离模式外，资产支持票据的发行主体可以选择多种方式实现资产支持。《指引》规定“企业发行资产支持票据应设置合理的交易结构，不得损害股东、债权人利益”，上述规定既可以涵盖特殊目的账户隔离的资产支持形式，也为未来持续创新、引入其他形式的 SPV 预留了空间。随着市场发展及监管环境、法律环境的变化，资产支持票据的交易结构也将更加丰富多样。其中，以特殊目的信托为特殊目的载体的交易结构在国内已有实践，风险隔离效果较为明确，并且在税收方面具有优势。而类信托模式的资产管理计划，包括券商专项资产管理计划、保险资产管理计划以及银行理财计划等，经由相关监管部门推出的规范性文件初步实现了“风险隔离”和“会计出表”的效果，但目前尚未取得在法律层面的认可。下一步可在《指引》框架下，继续探索以特殊目的信托、券商专项资产管理计划、保险资产管理计划、银行理财计划等多种形式为证券化特殊目的载体（SPV）的交易结构的可行性，为非金融企业通过资产支持票据融资进一步拓展空间。

二、资产支持票据的基础资产将更为多样化

《指引》在基础资产类型方面规定“基础资产是指符合法律法规规定，权属明确，能够产生可预测现金流的财产、财产权利或财产和财产权利的组合”。这样既可以涵盖收益类资产，例如租金收入、高速公路收费权、地铁票款收入等，也可以涵盖应收账款类资产，比如承兑汇票、货物应收款、建设转移合同债权（BT 合同）等，为今后资产支持票据基础资产的多样化预留了空间。

截至 2013 年年末，交易商协会累计接受 14 家企业 141 亿元资产支持票据注册，基础资产涵盖保障房租金收入、公用事业收费收入、高速公路收费收入以及高速公路 BT 应收款等多类基础资产。下一步可考虑在《指引》框架下，根据实体经济的需求，引入更多类型的基础资产，进一步拓展基础资产类型，发挥资产支持票据提升资产利用效率、服务实体经济的作用。例如，小额贷款公司贷款资产权属清晰，条款明确，普遍不存在被抵质押的情况。并且，小额贷款公司贷款资产收益较高，未来具有较强的现金流生成能力，符合国内外证券化产品的一般要求。因此，可将小额贷款公司的优质贷款资产作为资产支持票据的基础资产。又例如，融资租赁公司拥有的租赁资产收益权，能产生稳定可预期的现金流，可根据市场需求以其为基础资产发行资产支持票据。总的来说，只要基础资产满足“权属明确，能够产生可预测现金流”的基本要求，任何财产、财产权利或财产和财产权利的组合理论上都可作为资产支持票据的基础资产，通过发行资产支持票据融资。

三、资产支持票据的发行主体范围可进一步扩大

债务资本市场发展初期，发行主体主要以增加负债总规模的形式实

现外部融资。随着发行主体负债规模的上升，其信用风险逐步累积，高负债率的发行主体通过金融市场融资越来越困难。资产支持票据创新的主要目标就在于将部分信用级别较低、特定行业或特定类别的，难以通过信用债融资的主体拥有的一部分有稳定现金流的资产，用金融工程技术剥离出来、加以盘活，使原来难以发行的信用债，转化为债项评级相对较高的证券化产品，从而相对缓解低信用评级发行主体的融资状况。与传统信用融资方式依托发行主体本身的信用水平获得融资不同，资产支持票据凭借基础资产的未来收入能力获得融资，支持资产本身的偿付能力与发行主体的信用水平适当分离，扩大市场可接受的发行主体范围。

目前一部分有资金需求的特定行业或特定类别的主体以其整体信用作为融资基础获得资金较为困难，但这类发行主体拥有一部分有稳定现金流的资产，可以探索通过发行资产支持票据，相对改善这类主体的融资状况，其中包括：第一，基础设施建设类企业。基础设施建设类企业在市政基础设施和公益性项目建设中，形成大量能产生稳定现金流的资产，这些资产大部分具有较好的经营性收入，但是缺乏流动起来的条件和载体，利用资产证券化技术盘活这类资产，有利于提升企业存量资产的利用效率，拓宽企业融资渠道。第二，提供公共服务的事业单位。公共服务均等化是城镇化的核心内容，涉及教育、医疗、文化等社会基础事业，公共服务方面的投入一般依靠事业单位，而事业单位收入大部分依靠国家预算拨款，存在资金筹措与支出的期限错配。目前，事业单位融资渠道有限，能否直接发行债务融资工具尚未明确。如果此类单位将其拥有的有稳定现金流的资产拿出来作为基础资产，通过资产支持票据进行市场化融资，将有助于城镇化的推进。第三，信用级别较低的企业。银行间债券市场部分企业信用级别较低，市场对其融资要求的风险溢价较高，如对其信用风险进行全覆盖担保，则融资成本过高。同时，由于这类企业资产规模较小，很容易达到“净资产 40% 的发债上限”。但这部分低信用资质的企业可能会拥有一些现金流稳定的优质资产，可通过发行资产支持票据，满足这部分企业的融资需求，适当降低其融资成本。

第二节　资产支持票据发展和完善面临的问题

从我国当前的法律环境及监管环境来看，资产支持票据市场的进一步发展和完善仍面临以下问题：

一、设立特殊目的公司（SPC）仍存在制度障碍

特殊目的公司，也就是通常所说的“空壳公司”，鉴于其在资产证券化中的工具性特点，通常要求较低的注册资本金、较少的人员数量和简化的组织机构，以便尽可能地降低运营成本。而在我国现有法律环境下，设立特殊目的公司操作难度较大。首先，《公司法》对公司的组织和经营提出了明确的要求，公司的设立必须有经工商管理机构核准的经营范围、固定的经营场所和必要的经营条件，提高了特殊目的公司的设立成本。其次，《公司法》规定，公司分配当年税后利润时，应当提取利润的10%列入公司法定公积金，公司的公积金用于弥补公司的亏损、扩大公司生产经营或者转为增加公司资本。但特殊目的公司作为一个工具性机构，通常情况下需将绝大部分收益返还给投资者，自身基本没有留利，因而无法满足《公司法》关于法定公积金的要求。最后，发起人与特殊目的公司存在是否需要实质合并的问题。我国相关会计准则对合并报表问题仅以控制权为标准作了简单规定，对于证券化过程中特殊目的机构合并报表的研究和规定基本还处于空白状态，使得证券化业务中存在发行人和特殊目的公司合并报表的风险，基础资产“真实出售”难以确认。同时，由于发起人和特殊目的机构存在实质合并的可能性，当发行人进入破产清算程序后，特殊目的机构拥有的基础资产可能成为发起人合并资产（即成为破产财产）的一部分，难以实现破产隔离。

二、资产证券化相关税收政策仍需进一步完善

资产证券化融资必然会涉及税收问题，而税收制度又决定了证券化融资成本的高低和融资结构是否有效。资产证券化既是一种金融产品创新，更是一种金融体制的创新，需要包括税收政策等方面的制度创新来支撑。特殊目的机构（SPV）作为一个工具性机构，其设立的目的就是持有受让的金融资产，并以其所持有的资产为支持，发行证券化产品。因此，特殊目的机构不能像一般公司法人实体一样从事经营活动和承担债务。鉴于特殊目的机构的特殊性，国际上关于特殊目的机构的税收制度的通常做法是，不对特殊目的机构征收实体层面的所得税。在美国，特殊目的机构一般以特殊目的公司、特殊目的信托和特殊目的合伙企业的方式组建。美国税法规定，信托和有限合伙企业是单纯的名义主体，名义主体以外的人作为实质所有者，享有信托和有限合伙所产生的收益，因此，实质所有者作为纳税主体，即信托的受益人和合伙人被征税，而名义主体免除课税，从而使以合伙企业、信托方式组建的特殊目的机构可以在实体层次免于课税。此外，美国通过《联邦税收法典》、《信托法》、《1986 年税收改革法案》、《1996 年小企业保护法》创设了非税信托 SPT、不动产按揭投资管道（REMIC）、金融资产证券化投资信托（FASIT）、结构性投资工具（SIV）等诸多免税实体，使得特殊目的信托本身以及涉及特殊目的信托地交易均受到不同程度的免税优惠，即便对于特殊目的公司（SPC）可能遭遇的双重征税，也通过设计出“公司型——非应税信托型”双重 SPV 的产品结构实现避税目的。

目前无法在税收制度上建立高效率、低成本的特殊目的机构成为我国发展和完善资产支持票据的重要制度障碍。我国经济实体组织主要包括公司法人和合伙企业，根据《中华人民共和国企业所得税暂行规定》，有生产、经营所得和其他所得的其他组织是企业所得税的征税主体，因此，公司法人和合伙企业都是必然的纳税主体。由此可见，在目

前我国的法律和税收制度体系下，缺乏一种在实体层次免于课税的实体作为特殊目的机构。尽管目前《国家税务总局关于信贷资产证券化有关税收政策问题的通知》（以下简称《通知》）对特殊目的信托进行信贷资产证券化的税收问题进行了规定，但一方面《通知》的法律权威性不强，另一方面《通知》只规定了信贷资产证券化中特殊目的信托的税收处理，对于一般特殊目的机构的税收政策没有明确规定。由此可见，建立和完善与资产证券化相契合的税收制度，降低资产证券化的运作成本将是未来发展和完善资产支持票据的一项艰巨任务。

三、资产证券化的相关会计处理有待进一步明确

资产证券化业务涉及诸多会计处理问题，制定针对资产证券化的会计处理规范十分必要。首先，资产证券化业务的资产池可能包括金融资产和非金融资产，金融资产的会计处理已有相关政策，而非金融资产的会计处理要求尚未明确。2006 年颁布的《企业会计准则第 23 号——金融资产转移》提出了金融资产转移的若干规定，明确了金融资产转移的终止确认条件，但对金融资产转移程度未做定量描述，因此在执行过程中存在由会计师事务所自主判断的问题，难免产生标准不统一的情况。而对于非金融资产的转移，相关会计主管部门并没有明确规范，使得证券化过程中非金融企业拥有的非金融资产的转移和出表面临较大的不确定性。其次，未来收益权证券化的会计处理仍存在制度障碍。资产证券化业务中，部分发起人并不是将已经存在的资产进行证券化，而是对某些未来收益权进行证券化，其中包括基础设施收费、公用事业收费等类型。未来收益权由于不属于现有资产，未来现金流具有较大的不确定性。现行的相关会计准则对于在这类资产证券化过程中发起人应如何会计处理没有明确规定。此外，目前相关会计主管部门已经发布的关于资产证券化的准则，主要是针对发起人的会计规范，而资产证券化涉及的参与主体较多，有必要对发起人以外的参与主体的会计处理问题也进行补充说明。

第三节 关于进一步发展和完善资产支持票据的思考

资产支持票据作为广义上的资产证券化产品的一个典型品种，离不开资产证券化相关法律环境和监管环境的变革和改善。未来资产支持票据相关制度的进一步完善和发展也必将伴随我国资产证券化相关制度的进一步创新和改进。我们认为，可以在如下方面加强研究、深入探索，进一步发挥资产证券化产品的结构优势，进一步丰富债券市场的产品序列。

一、进一步完善资产证券化相关法律制度

首先，明确资产证券化产品的产品性质和法律地位。从成熟市场经验来看，美国等国家在较长时间内都在争论资产支持证券是不是证券，以及是债权类证券还是权益类证券等基本问题。美国资产证券化于20世纪70年代开始起步，当资产证券化产品的产品性质及法律地位得以明确以后，20世纪80年代证券化产品开始迅猛发展。同样地，明确证券化产品的产品性质和法律定位，将为我国证券化产品的监管和发展提供定位和方向。

其次，推动资产证券化的特别立法，完善资产证券化的配套法律制度。资产证券化产品作为特殊的直接融资工具，需要特别的立法予以支撑。从国际经验来看，主要有两种基于不同法律环境的思路：一是从英美法系的实践来看，其法律兼容性较强，可以将资产证券化产品的法律要求融入现有的法律框架；二是从大陆法系国家实践来看，可以通过特别立法来明确资产证券化的法律地位。从我国的法律环境来看，可考虑从立法层面或国务院法规体系层面制订一系列与资产证券化相配套的法律制度，包括资产转让、特殊目的机构、税收以及会计处理等相关法律法规，为我国资产证券化产品发展和完善奠定一个坚实的法律基础。

最后，进一步明确信托财产破产隔离的司法依据。我国《信托法》

在保证信托破产隔离的特殊效用方面有着重要作用。《信托法》第十五条规定：“信托财产与委托人未设立信托的其他财产相区别，设立信托后，委托人死亡或者依法解散、被依法撤销、被宣告破产时，委托人是唯一受益人的，信托终止，信托财产作为其遗产或者清算财产；委托人不是唯一受益人的，信托存续，信托财产不作为其遗产或者清算财产；但作为共同受益人的委托人死亡或者依法解散、被依法撤销、被宣告破产时，其信托受益权作为其遗产或者清算财产。”《信托法》第十六条规定：“信托财产与属于受托人所有的财产（以下简称固有财产）相区别，不得归入受托人的固有财产或者成为固有财产的一部分。”上述规定明确了信托财产区别于其他一般财产的法律地位，为实现信托财产的风险隔离和破产隔离提供了有效的条件。但是，我国《破产法》第一百零九条规定，“对破产人的特定财产享有担保权的权利人，对该特定财产享有优先受偿的权利”，即只确认了对特定财产享有担保权的破产隔离效果，对于《信托法》规定的信托的破产隔离效果未给予明确确认。《信托法》和《破产法》对于信托破产隔离效果认定的不一致性，为资产证券化业务的实践带来了法律关系的不确定性。因此，进一步明确我国《信托法》与其他法律的司法解释，消除不同法律执行过程中造成的不确定性，将为资产证券化相关实践提供更好的法律环境。

二、进一步完善特殊目的机构（SPV）的相关制度

一是关于特殊目的信托（SPT），可适度扩大合格受托人的范围。根据银监会颁布的《信托公司管理办法》第七条规定，“未经中国银行业监督管理委员会批准，任何单位和个人不得经营信托业务，任何经营单位不得在其名称中使用‘信托公司’字样”。因此，目前只有信托公司可以设立信托。而从成熟市场经验来看，信托是一种法律关系和结构，可由多种类型主体发起，而不是由特定主体专营。我国目前也已经开始了除信托公司以外的机构设立信托结构的实践，包括券商专项资产管理计划、保险资产管理计划、银行理财计划等，实质上都属于信托法

律关系。因此，可考虑适度扩大受托人的范围，允许部分金融机构专业的资产管理机构从事信托资产的受托管理，进一步丰富证券化产品的发行主体。

二是关于特殊目的公司（SPC）。在我国现有法律环境下，设立特殊目的公司的成本较高，不符合资产证券化的一般要求。因此，可借鉴国际经验，通过特别立法的形式，明确设立特殊目的公司的要求，或者明确哪些类型企业可作为特殊目的公司的特定形式，并放宽特殊目的公司的发债条件。

三、进一步明确资产转让各个环节的制度

理顺资产转让过程中的每个环节，可消除资产转让过程中法律关系的不确定性。

首先，债权可转让性需进一步明确。虽然《合同法》确定了债权可转让性的原则，但同时又规定了三种例外情况，包括依债权性质不得转让、依法律规定不得转让和当事人约定不得转让。但对依债权性质不得转让和依法律规定不得转让的债权没有给出明确规定，造成了操作过程中的不确定性。

其次，对未来债权的转让作出明确的规定。我国资产证券化试点中已经出现了以未来债权为基础资产的实例，而且未来这种案例将会越来越多。因此，对未来债权作出定义，明确规定未来债权具有可转让性以及对转让过程中的细节问题作出具体规定，有助于明确未来债权的资产证券化过程中的法律关系。

再次，明确债权转让公示通知的要求。我国《合同法》第八十条规定："债权人转让权利的，应当通知债务人。"但对于包含很多笔债权合同的基础资产，当债权转让发生时，债权人通知每一笔合同的债务人的操作难度较大且不经济。因此，可考虑在债权合同中事先纳入公示通知的条款，当债权转让发生时，债权人的公示通知即可视为履行了通知债务人的义务，降低操作成本。

最后，明确债权转让的合理价格确定方式。《信托法》、《合同法》和《破产法》均涉及转让资产价格应公允的要求，但转让的债权一般没有活跃的交易市场，如何确定公允的转让价格需要相关制度中给出明确的规定。

四、建立与资产证券化产品相适应的税收、会计制度

税收和会计制度是资产证券化业务中不可或缺的辅助性安排。当前与资产证券化直接相关的税收政策和会计处理规定都是针对前期信贷资产证券化试点业务开展的需要，存在适用范围过窄、过渡性质明显的缺陷。在资产支持票据等非金融企业资产证券化业务逐步发展和完善，交易结构日益复杂的情况下，当前仅针对信托模式的制度安排难以持续，必须研究出台更加完善、适用范围更广的税收和会计制度。在会计政策方面，进一步明确非金融企业资产证券化的会计处理方法，并对整体转移、部分转移和未转移三类情况下的资产转移程度做出定量描述，从而为资产证券化过程中的资产转移和出表提供明确指南。

在税收政策方面，资产证券化的税收政策是整个税收制度的组成部分，需从全社会税收系统的角度加强资产证券化相关主体之间的协调，避免重复征税，维护征税公平性，发挥税收制度对企业经营行为的引导作用。可考虑对于资产证券化中的特殊目的机构实施免税政策（或税收优惠政策），消除其额外税收负担，使课税符合其经济属性和交易实质。例如，将资产证券化过程中设立的特殊目的机构不作为税收实体课征所得税，由投资人在取得收益时纳税，从而简化资产证券化的涉税程序，降低项目税收负担。也可以借鉴欧美国家的经验，在对特殊目的机构征税的同时，对投资者的税收予以抵减；或者对特殊目的机构和投资者同时征税，但是制定优惠税率。此外，可借鉴证券投资基金营业税免税政策，对资产证券化过程中特殊目的机构产生的收入免征营业税，以体现税收中性的原则，促进资产证券化的持续健康发展。

第九章 案 例

从2012年资产支持票据问世到2013年年末，目前市场上已获批发行的ABN项目共计15单，总发行规模149亿元。

表9－1　　　国内资产支持票据发行总规模　　　单位：亿元

证券化产品名称	主承销商	基础资产	规模
宁波城建	中信证券、中信银行	供气收入	10
南京公用	中信证券、工商银行	供水收入	10
浦东建设	浦发银行	BT应收款	5
南京城建	国开行	排污收入	10
天津房信	中信证券、中信银行	保障房租金收入	2
广西新发展交通集团	光大银行	客运收入	20
扬州城建	交通银行	—	15
太原龙城发展	兴业银行	BT应收款	5
南京市江宁区自来水总公司	华夏银行	供水收入	10
江苏宁宿徐高速公路有限公司	中国建设银行	高速公路通行费收入	10
成都市公共交通集团公司	中国银行	客运收入	8
郑州市污水净化有限公司	广发银行	污水收入	6
四川能投发展股份有限公司	上海银行	供电收入	10
南通国有资产投资控股有限公司	浦发银行	BT应收款	20
呼和浩特市城发供热有限责任公司	光大银行	供热收入	8
合计	15单		149

从上述15单项目的基础资产类型看，覆盖了保障房租金收入、公用事业费收入、高速公路收费收入以及BT项目的债权。

正如本书开篇介绍的，债权类资产和收益权类资产的资产支持票据在收入的可确定性、追索的法律依据和限制、评级方法有所不同，因此，对这两类资产作为基础资产的资产支持票据的交易机制设计也各有特点。

考虑到截至目前的资产支持票据项目都是非公开定向发行方式，产品信息仅对定向投资者公开，但为了结合实例帮助读者更深入、更准确地理解产品特点，特在已发行项目中选取比较有代表性的BT债权资产ABN和天然气销售收入ABN为例，进行详细分析。

第一节　债权类资产的资产支持票据

一、基础资产情况

以A公司下属控股子公司B公司拥有的若干份回购协议及补充协议项下的应收账款作为基础资产，属于应收账款类基础资产。

二、BT回购款现金流预测

表9-2　资产支持票据存续期间内的具体回购款现金流预测

单位：亿元

回购时间	2012	2013	2014	2015	2016	2017	合计
回购金额	1.54	3.21	2.87	1.75	0.99	0.33	10.55

该期票据以上述资产全额作为资产支持，如回购款如期收回，则其中2012年、2013年、2014年和2015年对应的回购款作为实际还款来源。

三、交易结构

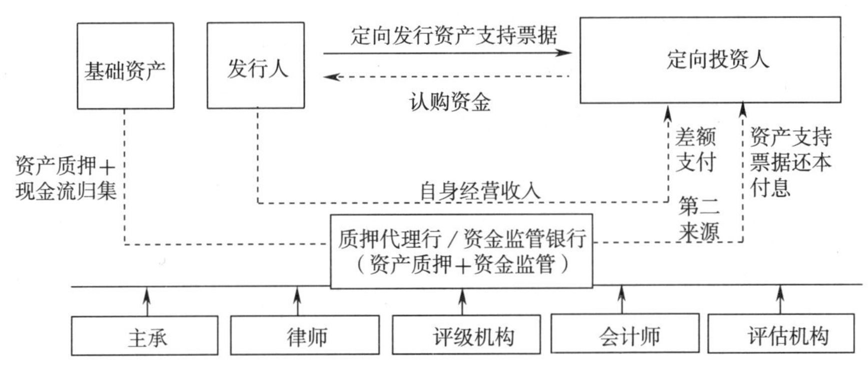

图9－1 债权类资产的资产支持票据交易结构图

发行人在银行间债券市场定向发行资产支持票据，该票据的偿付资金来源于发行人特定基础资产产生的现金流以及发行人自有资金，即在不出现违约的情况下，资产支持票据的本息将首先由基础资产产生的现金流偿付；若基础资产产生的现金流不足以偿付当期应付的资产支持票据本息，则发行人以自身经营收入继续履行资产支持票据项下债务。如果发生了违约，资产支持票据持有人除了对基础资产行使质押权利外，还可以同时要求发行人偿付到期未付的本息。

四、交易机制

1. 现金流隔离

（1）资产质押

基础资产原始权益人（B公司）与担保代理行签署《应收账款质押合同》，约定在资产支持票据发行完成后的N个工作日内将所拥有的应收账款经由质押代理行在人民银行征信系统中办理完毕应收账款质押登记手续，将该应收账款质押给资产支持票据的持有人。

（2）资金监管和监管账户质押

基础资产原始权益人（B公司）与资金监管银行签订《资金监管

协议》及《账户质押协议》，由B公司在资金监管银行开立资金监管账户。基础资产原始权益人通知基础资产回购方，在资产支持票据发行后，按照《发行协议》的规定将基础资产产生的全部现金收入直接支付至监管账户，并将该账户项下的资金及相关权益质押给资产支持票据的持有人。资金监管银行对现金流归集情况和发行前的评估预测进行对比，在触及现金流储备事件等约定事件时启动相应机制。在发生现金流储备事件前，监管账户实际归集的现金流金额超出当期应付的资产支持票据本息的部分，可允许基础资产原始权益人从监管账户中划出使用。

2. 投资人保护机制

（1）超额覆盖倍数

相关回购协议规定，回购期内如遇中国人民银行公布的贷款基准利率发生变化或变化到一定幅度，BT项目的收益率随之作出相应调整。一旦贷款基准利率发生下调，则会减少实际回购款现金收入。为了应对收益率下调风险，本案例已设置了资产超额覆盖倍数，并通过了相关压力测试，表明基础资产产生的现金收入可以较好地覆盖当期应付票据本息。

（2）设置现金流储备事件

现金流储备事件发生后，监管账户归集的现金流需全额留存在账户中，直至达到资产支持票据还本付息总额。若基础资产产生的现金流仍不足以偿付当期应付资产支持票据本息，则发行人有义务以自身经营收入补充。

现金流储备事件系指以下任一事件：①该基础资产项下的任何到期应付款项，在回购协议中规定的付款日后N个工作日内（含第N个工作日）仍未支付；②发行人的长期主体信用等级低于资产支持票据发行时的评级；③本期资产支持票据的信用等级低于发行时的评级。

（3）违约事件及违约责任

如果发行人未能根据协议约定向定向投资人支付应付款项，发行人应就应付未付款项向定向投资人支付违约金。

如果发行人违反法律及交易商协会相关自律规范文件的规定，而导致投资人遭受损失的，发行人应赔偿由此给投资人造成的实际损失。

如果发行人未按约定偿还贷款及债券等其他债务，或未按约定承担保证担保责任等，则主承销商有权召集资产支持票据持有人会议，决议资产支持票据是否立即全部提前到期。

发行人如因违反协议中其他条款的约定，而给投资人造成损失，应赔偿由此给投资人造成的实际损失。

（4）基础资产现金流与预测值偏差的处理机制

基础资产原始权益人须保证将 BT 项目债务人支付的基础资产回购款及时支付至资金监管账户，如果基于基础资产的回购债权未能在现金流量预测表载明的相应日期前产生回购款，或其实际产生的回购款金额少于现金流量预测表载明的应收回购款预测值，基础资产原始权益人应立即通知资金监管银行并书面说明原因；因回购基数调整或工程未按期完工造成的回购款未能按期足额支付由基础资产原始权益人补足；除因债务人违约或利率调整造成的上述情形，原始权益人应不迟于每个回购款支付日后的 5 个工作日内将等值于现金流量预测表载明的回购款金额减去实际收到的回收款金额后所得的差额资金转入资金监管账户。

五、资产支持票据基础资产运营情况的信息披露

本案例中的基础资产的现金流会受到人民银行基准利率调整、项目回购基数调整等因素的影响，为了让投资人能及时了解资产支持票据基础资产的回款情况，并判别投资风险的变化，本项目约定自发行日起每季度由主承销商督导发行人出具《资产支持票据基础资产运营报告》。主承销商向投资者披露该运营报告前，还负责核实运营报告的内容和资金监管账户中实际发生的回收款一致。

以下简要介绍一下该项目的运营报告样板。

A公司××年第×期资产支持票据基础资产运营报告

1. 资产支持票据概况

包括项目名称、发行日期、发行金额、期限。

2. 回购款情况

报告期内，资产支持票据项目累计应收回购款×笔，计××元，实际收到回购款×笔，共计××元。

3. 利率调整对基础资产的影响

中国人民银行于2012年7月6日降低了人民币存贷款利率，3年期贷款利率由6.4%降至6.15%，导致各项目内部收益率调整，×笔回购款实际到账金额较预测现金流的金额有所减少。具体的实际现金流入和评估预测数的差异对比列表显示。

4. 回购基数调整对基础资产的影响

报告期内，××项目回购基数发生调整，由××调整为××，导致本期回购款的金额由××元增加（或减少）至××元，减少额××元。

根据《非公开定向发行协议》“基础资产现金流与预测值偏差的处理机制”的约定“因回购基数调整或工程未按期完工造成的回购款未能按期足额支付由基础资产原始权益人补足”。该部分差额已经补足。

5. 其他事项

本报告期内原始权益人持续经营，未发生违反合同约定，损害基础资产及其收益的情况。

六、增级效果分析

该项目作为十单项目中仅有的2个实现债项增级的项目之一，实现债项增级的因素主要有：

1. 基础资产

本期票据以BT应收款作为基础资产，回购方实力较强，回购风险较低。

2. 交易结构

本期票据通过对基础资产设定资金监管、应收账款质押和账户质押等一系列风险控制手段，并通过现金流储备事件、违约事件等机制进一步保障投资者权益，能够使票据持有人获得基础资产所产生现金流的偿付。

3. 超额覆盖

项目每期现金流对现金流出的覆盖倍数都在1.3倍以上，基础资产产生的现金收入可以较好地覆盖当期票据本息。

4. 分期摊还

本期票据按照预先确定的计划分期偿还本金，有助于逐步降低票据本金的风险暴露。

鉴于基础资产质优，而交易安排能够有效降低资产支持票据违约的可能性以及资产支持票据持有人所面临的预期损失程度，从而提高资产支持票据的信用水平。评级公司给出了高于发行人主体评级1个子集的债项评级结论。

第二节　收益权类资产的资产支持票据

一、基础资产情况

截至2012年3月末，发行人已取得下辖6区一市天然气销售的唯一特许经营，在当地市场具有垄断地位。

目前发行人已建成投用三座天然气门站、城市高压天然气环网管道106公里、城市中低压天然气管道2030公里、建成高中压调压站11座，公司2009—2011年天然气销售收入复合增长率接近60%。

二、天然气销售收入现金流预测

2009—2011年发行人所在地规模以上工业总产值复合增长率超

过20%。

根据历史数据，假设2012—2016年发行人所在地规模以上工业企业生产依然将保持适度增长，而天然气销售收入将维持比规模以上工业企业更快的增长速度，预计增长速度将达到8%~15%。

表9-3　发行人未来5年内的天然气销售收入现金流评估情况

单位：亿元

项　目	2012	2013	2014	2015	2016	合　计
工业用户天然气	6.9	7.8	8.6	9.2	10.0	42.5
居民用户天然气	1.0	1.2	1.3	1.4	1.5	6.4
公建用户天然气	1.4	1.6	1.8	1.9	2.0	8.7

三、交易结构

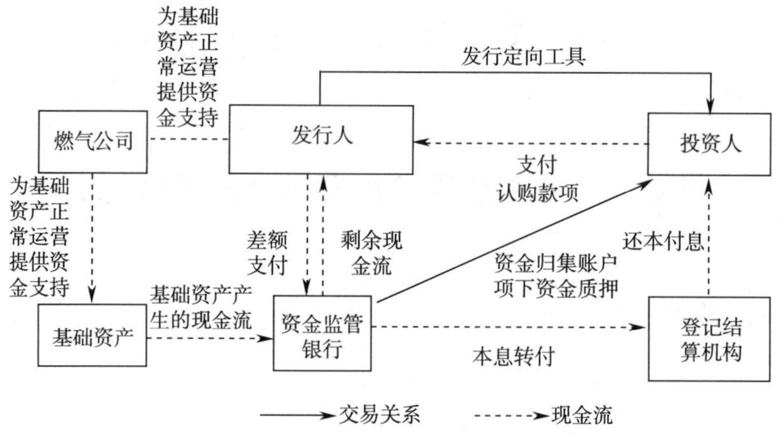

图9-2　收益权类资产的资产支持票据交易结构图

四、交易机制

1. 现金流隔离

（1）设立账户

①发行人在资金监管银行开立资金归集账户，用于归集基础资产

产生的现金流，并保证将划款期间获得的全部天然气收入划付至资金归集账户内，直至资金归集账户中资金足以兑付当年本息为止。

② 在 ABN 每一划款期间产生的天然气收费收入，如果天然气收费的相应入账凭证中注明该笔天然气收费收入产生于划款期间或未注明产生时间，则该笔收入属于当期基础资产项下的天然气收费收入，其他天然气收费收入不属于当期基础资产项下的天然气收费收入。

（2）收入划付

① 资金监管银行应在 ABN 每年划款期间，接收从划入资金归集账户中的全部资金，并按照相关协议的要求对资金归集账户中的全部资金履行监管义务和职责。

② 在 ABN 各品种还本付息前 10 个工作日，如划入资金归集账户的资金不足以兑付当年本息的，资金监管银行通知发行人予以补足，确保资金归集账户内资金达到当年还本付息总额。

③ 每年发行人按本期资产支持票据相关文件规定还本付息后，经资金监管银行和质权代理人一致同意，发行人可划出资金监管账户内的剩余资金。资金归集账户中的资金，发行人可在资金监管银行的监管下从事以保值、增值为原则的投资（如定期存款、通知存款等），相关收益归发行人所有。

（3）资金监管

① 资金监管银行对资金归集账户内的资金负责监督专款专用。未经 ABN 各方一致书面同意，发行人不得使用资金归集账户进行任何其他结算业务。如果未经质权代理人和资金监管银行一致书面同意，发行人不得使用资金归集账户进行任何不符合 ABN 相关规定的划款。

② 资金监管银行开立的资金归集账户归集的资金质押给投资人，作为 ABN 的担保。质押资金的数额以兑付 ABN 当年应付本息的数额为限，超过当年应付本息部分的资金不作为质押标的。

2. 投资者保护机制

（1）发行人违约责任

① 如发行人在符合规定的付息条件下逾期未能支付到期应付利息，应按照延期支付的实际天数和尚未支付到期应付利息的余额，向投资人支付违约金。

② 如发行人在符合规定的兑付条件下逾期不能归还本金，应按照延期还款的实际天数及尚未归还的本金数额，向投资人支付违约金。

（2）账户查阅

单独或合计持有50%以上当期资产支持票据余额的持有人，可无条件地、随时地要求调看缴费账户和资金归集账户在划款期间内的资金进出情况，可以调阅缴费账户和资金归集账户明细日记账、原始凭证和银行对账单，发行人和资金监管银行应给予完全的配合，并应其要求提供复印件。

（3）差额支付

如从缴费账户划入资金归集账户的资金在当期资产支持票据各品种还本付息前10个工作日不足以兑付当年本息的，资金监管银行应通知发行人予以补足，发行人应及时补足，确保资金归集账户内资金达到当年还本付息总额。

参 考 文 献

[1] 祝小芳:《欧洲全担保债券不败的传奇——欧美模式资产证券化对我国的启示》,2011。

[2] 巴曙松等: 《资产担保债券的国际经验及中国的现实选择》,2010。

[3] 孙隆新:《资产担保债券的发行模式研究及借鉴》,2010。

[4] 陈雪芩:《资产担保债券的国际经验及其启示》,2010。

[5] 姚卫巍:《资产证券化正当其时》,载《华泰证券》,2013。

[6] 邓海清:《透析趋势——资产证券化演进路径》,载《宏源证券》,2013。

[7] 汪先珍:《海外启示录Ⅰ:生于危机,盛于危机》,载《国金证券》,2013。

[8] 黄飙:《新金融时代的新工具——资产证券化系列专题报告之一:概况与发展》,载《长城证券》,2013。

[9] 仁善英:《美国住房抵押贷款证券化的发展》,2005。

[10] 李军峰,陈向东: 《美国住房抵押贷款证券化的工具分析》,2001。

[11] 刘传哲,史国庆:《资产支持商业票据:中小企业融资新渠道》,2006。

[12] 时文朝:《非金融企业债务融资工具实用手册》,2012。

[13] 杨农:《中国企业债券融资创新方案与实用手册》,2012。

[14]《关于印发〈资产评估准则——评估报告〉等7项资产评估准则的通知》,中评协〔2007〕189号。

［15］《中国资产评估协会关于修改评估报告等准则中有关签章条款的通知》，中评协〔2011〕230号。

［16］《2012 ECBC EUROPEAN COVERD BOND FACT BOOK》，European Covered Bond Council，2012.

［17］《ABS，MBS AND CDO COMPARED：AN EMPIRICAL ANALYSIS》，Dennis Vink，Andre E. Thibeault，2007.

［18］《INTRODUCTION TO SECURITIZATION》，Frank J. Fabozzi，Vinod Kothari，2008.

英文术语释义

ABCP	资产支持商业票据
ABS	资产支持证券
Agency	机构，主要指美国的吉利美、房地美和房利美
Agency CMO	机构抵押担保证券
CB	资产担保债券
CBO	担保债券凭证
CDO	担保债务凭证
CFF	法国抵押贷款信用银行
CIO	担保保险凭证
CLO	担保贷款凭证
CMBS	商业地产抵押贷款证券
CMO	担保住房抵押贷款证券
CRD	《资本要求法令》
FHLMC	房利美
FNMA	房地美
GNMA	吉利美
MBS	抵押贷款支持证券
MPT	抵押转递证券
Non – Agency CMO	非机构抵押担保证券
RMBS	住房抵押贷款证券
SFCDO	结构性金融担保债务凭证
SCB	结构性资产担保债券
SPV	特殊目的公司
UCITS	《可转让证券集合投资法令》

后　　记

《资产支持票据理论与实务》由中国银行间市场交易商协会主持编写。主编谢多同志设计了全书的整体框架，并多次召集主要撰写成员对核心问题进行探讨；副主编冀光恒同志主持召开专家审稿会并提出了宝贵修改意见。本书由上海浦东发展银行牵头，上海浦东发展银行、中国农业银行、中国建设银行执笔；环球律师事务所、普华永道会计师事务所、联合资信评估有限公司、中同华资产评估公司提供了相关编写素材。各章撰写者如下：

第一章，资产支持票据的基础理论（农业银行：孙博，浦发银行：何莉娅，环球律所：李文）；

第二章，资产支持票据的交易结构（农业银行：时仲毅，建设银行：卜庆东）；

第三章，资产支持票据的信用评级（联合资信：张驰、刘静）；

第四章，资产支持票据的会计处理（普华永道：胡亮、张武、苏薇薇）；

第五章，资产支持票据现金流评估预测（中同华资产评估：徐建福、顾燕青）；

第六章，资产支持票据发行及后续管理工作（浦发银行：舒鹏、何莉娅）；

第七章，关键协议文件（建设银行：谢曦，环球律所：李文）；

第八章，资产支持票据发展展望（交易商协会：杜俊生）；

第九章，案例（浦发银行：何莉娅）。

本书在写作阶段，贾红睿、黄直、李文浩、何莉娅、李文、张驰、孙博、孟琦等同志参与审稿与校对；何莉娅同志对全书进行了统稿，孟亮同志对本书作了大量工作；在此一并表示感谢。

由于编写时间紧迫，书中难免存在疏漏、错误和不当之处，恳请广大读者批评指正。

中国银行间市场交易商协会
2015 年 7 月